I0467059

ZEN MANDALA

LIVRE DE COLORIAGE ANTI-STRESS

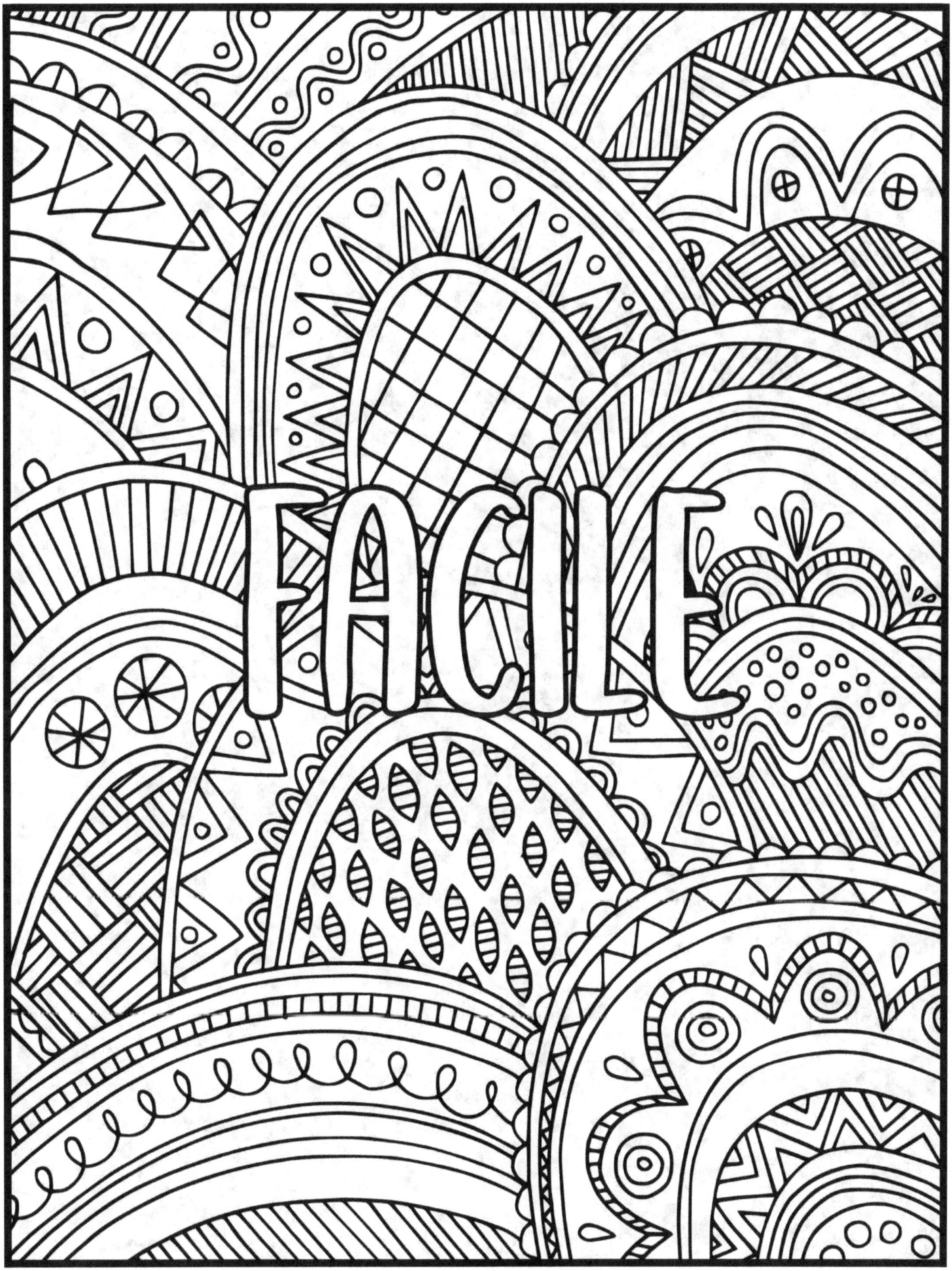
FACILE

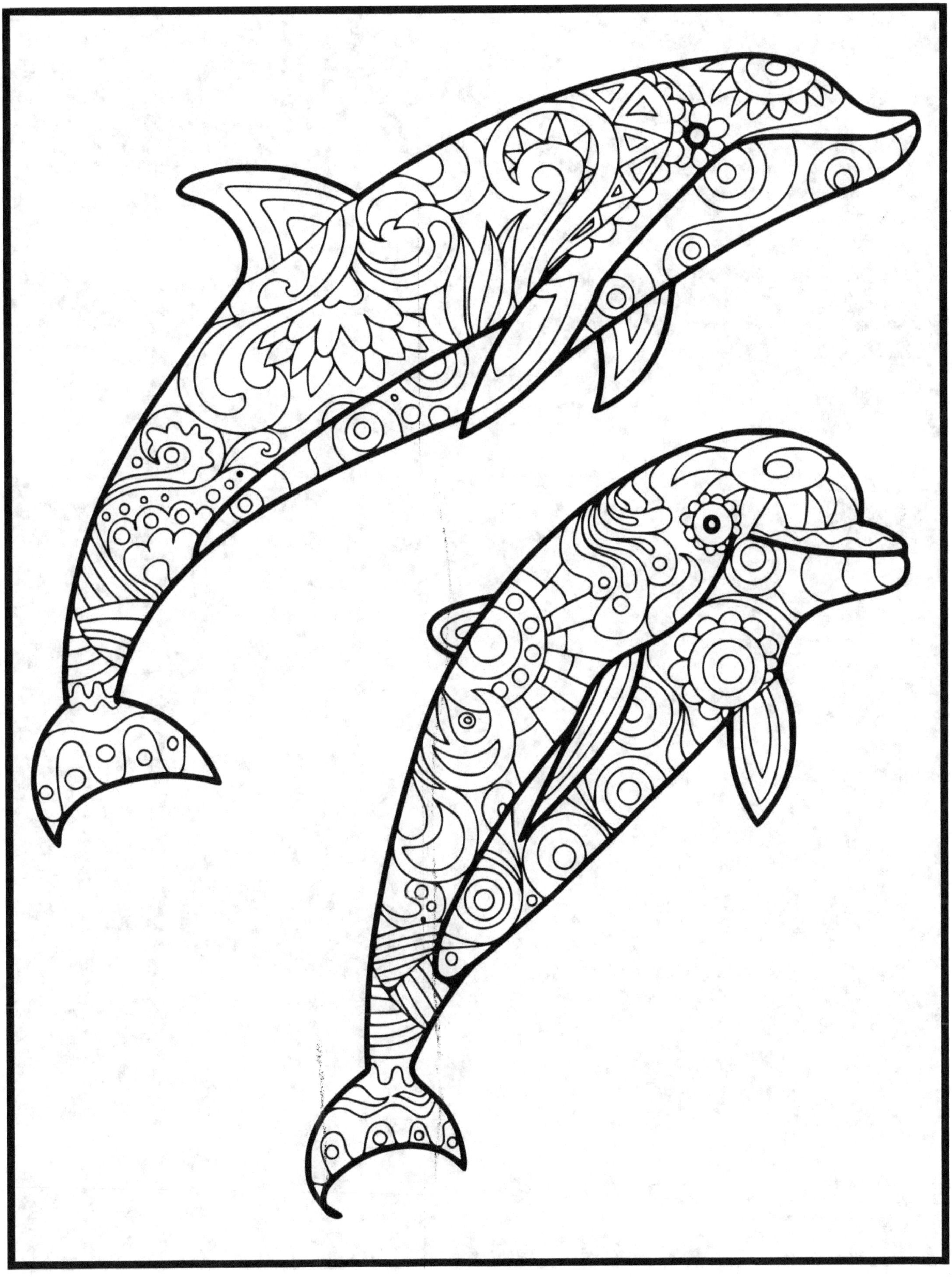

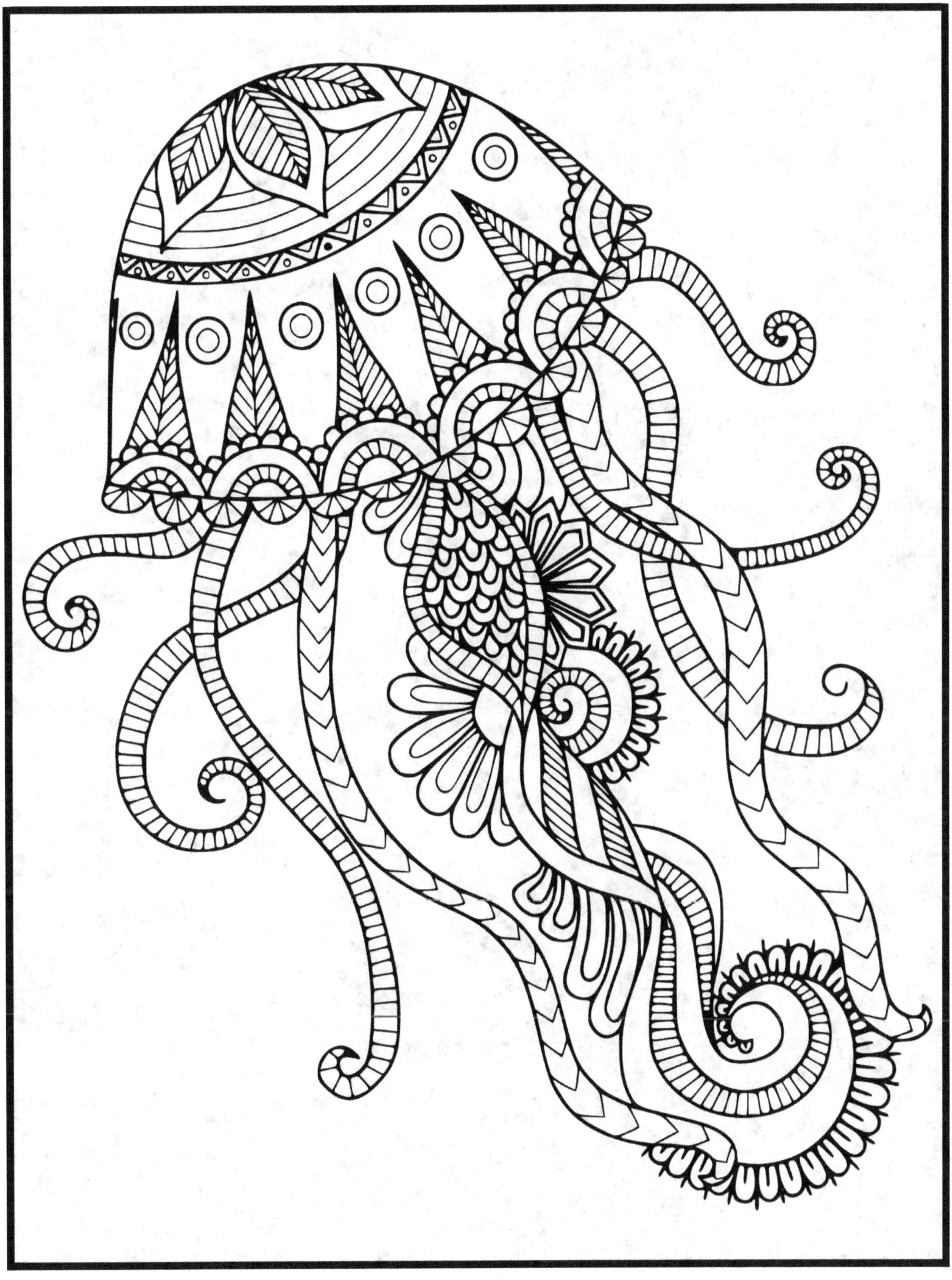

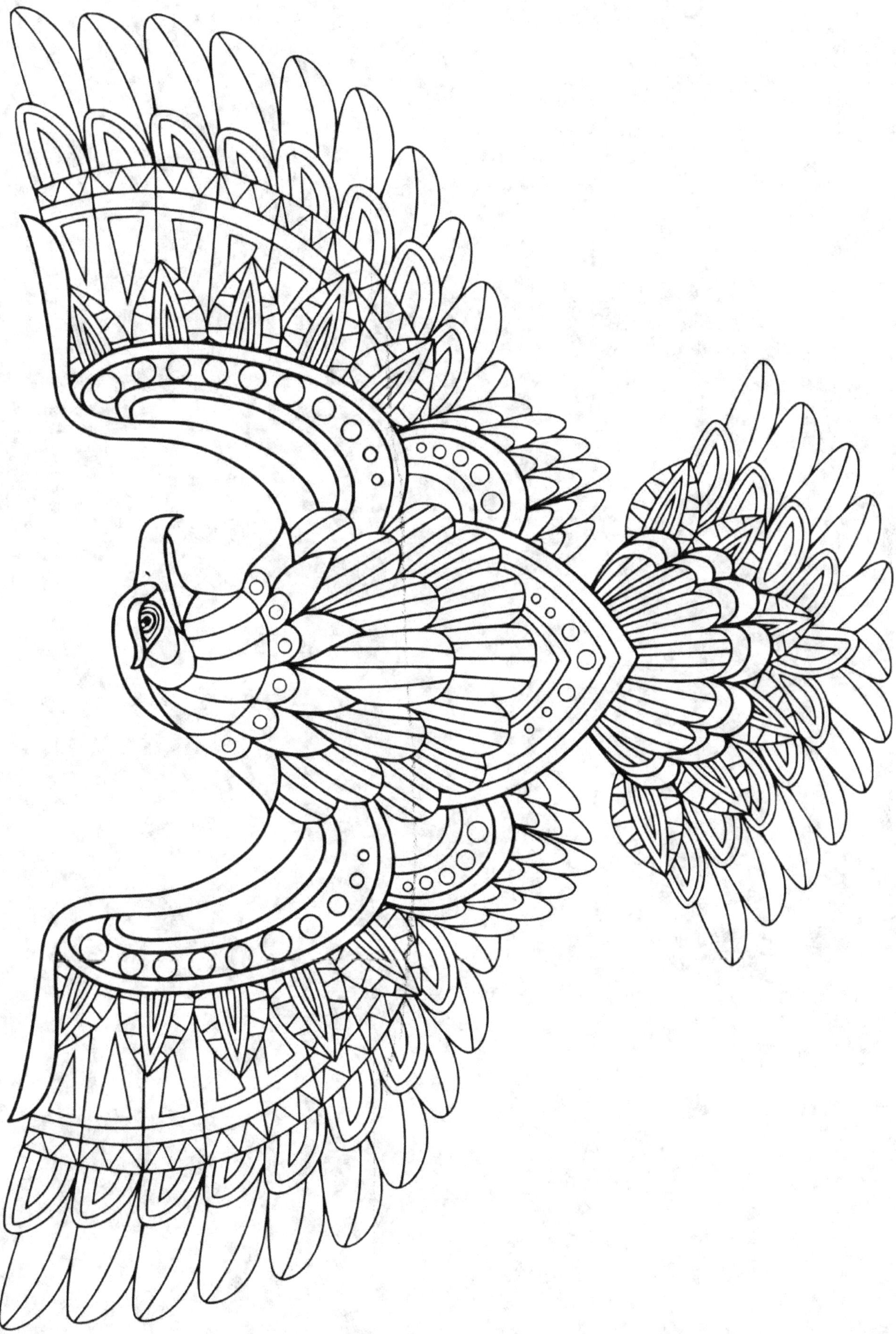

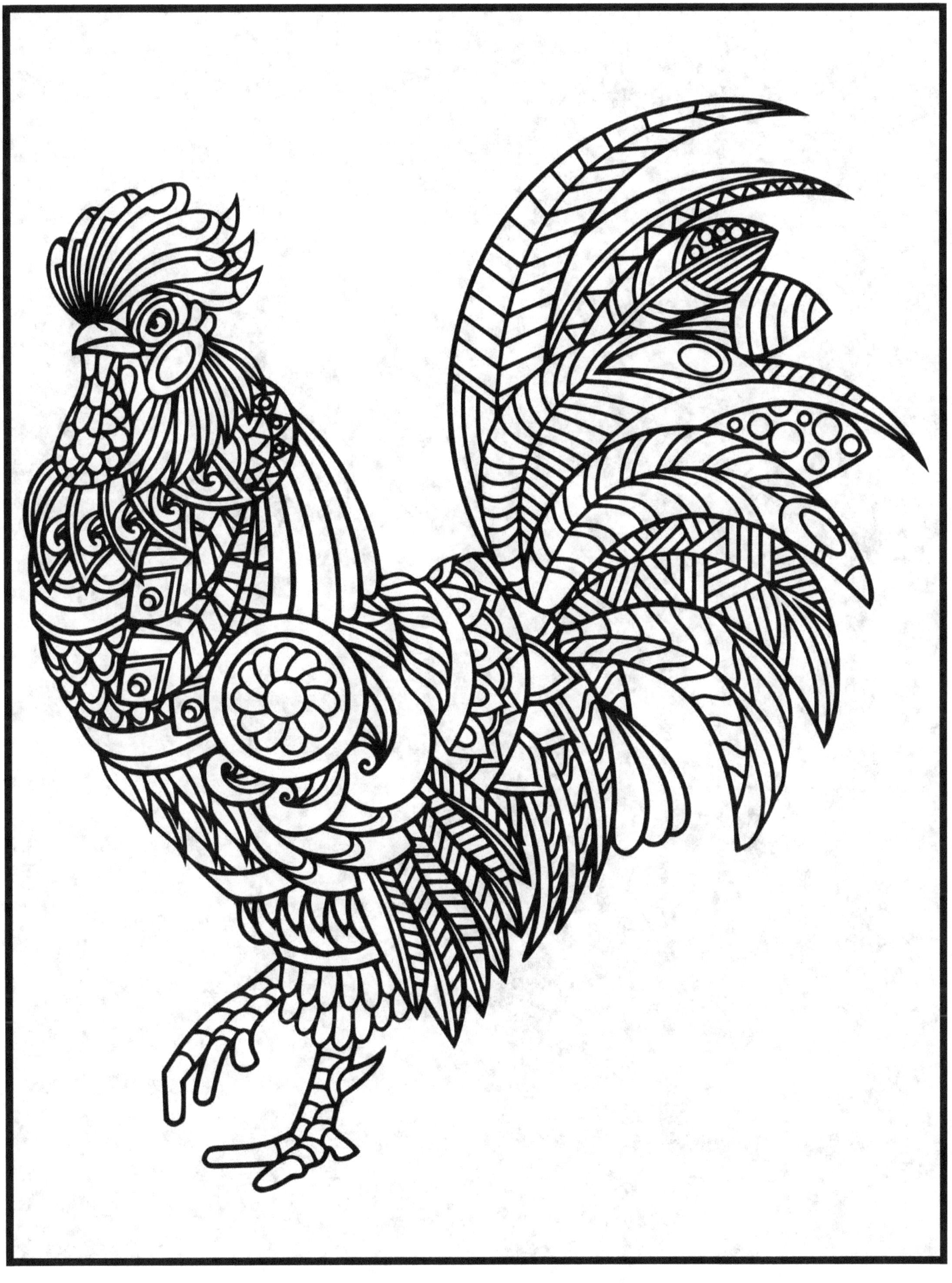

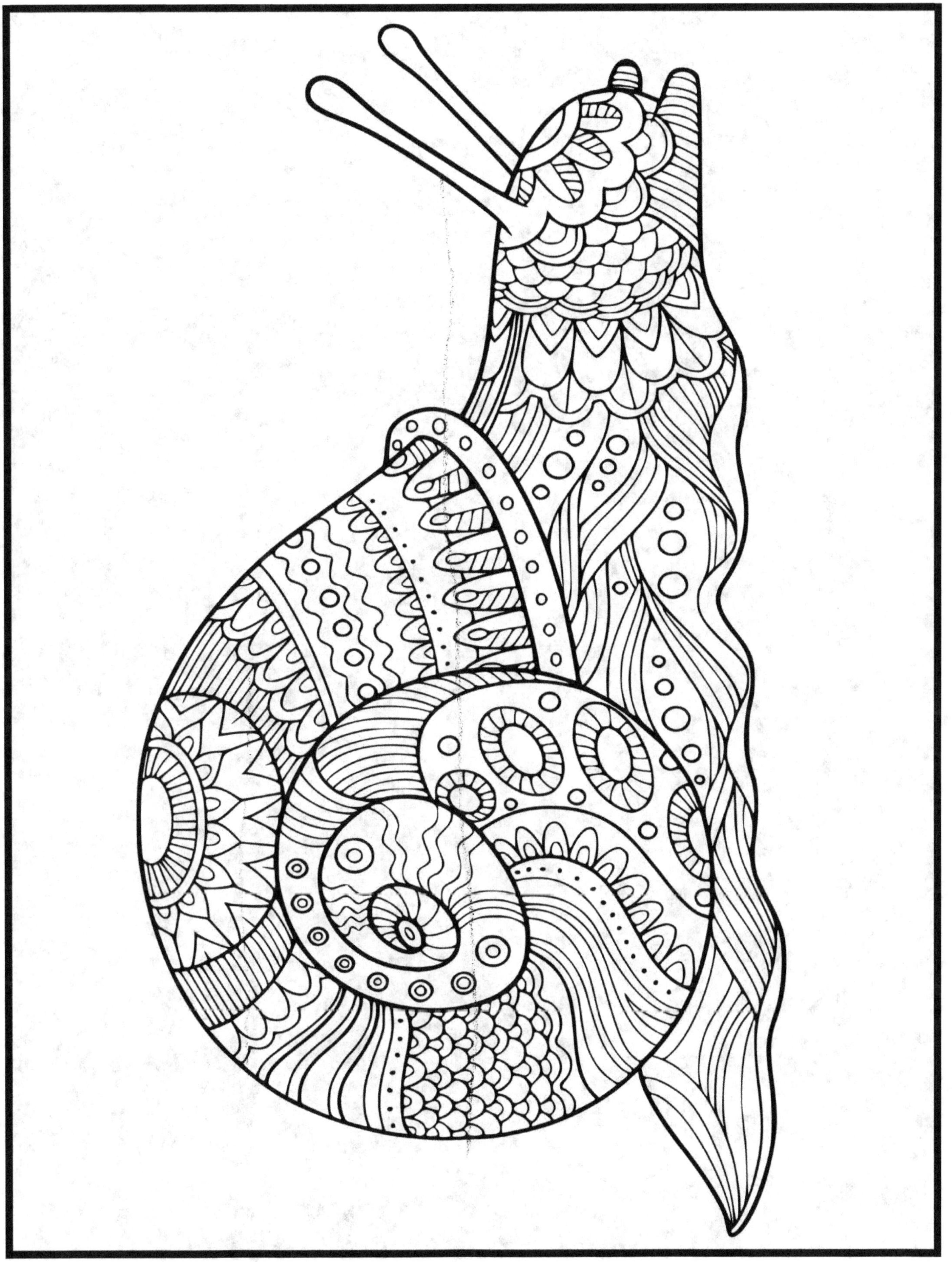

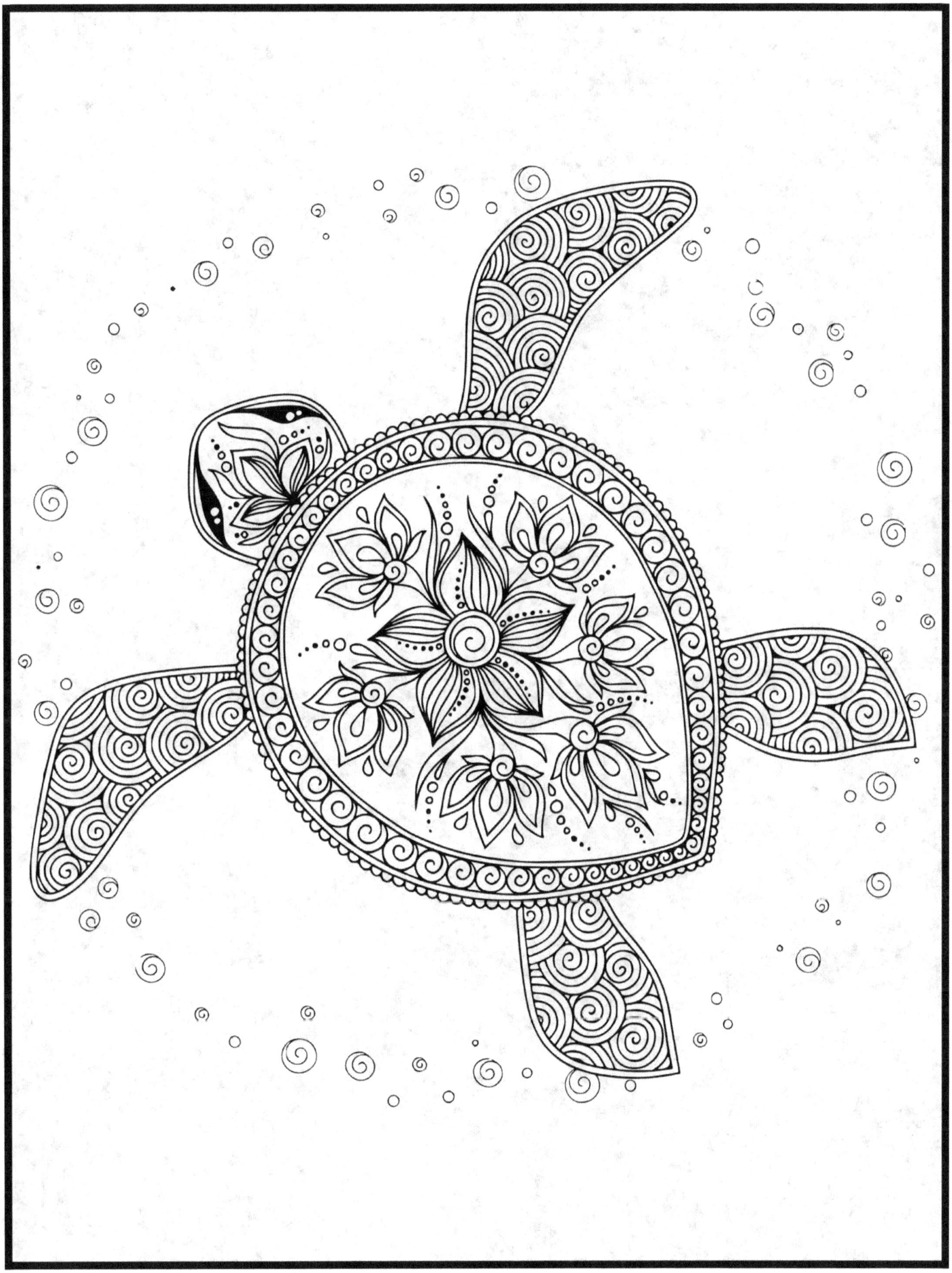

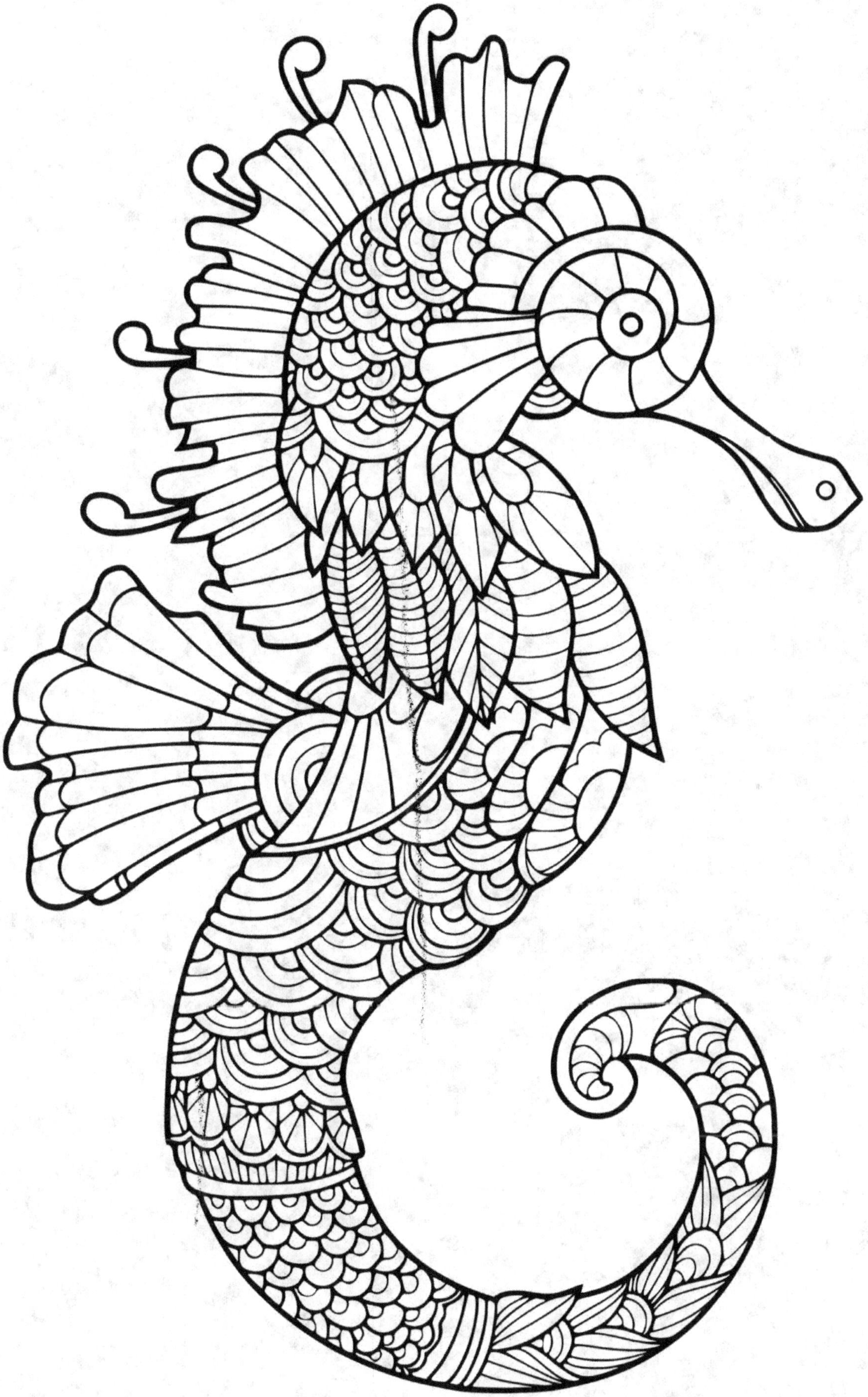

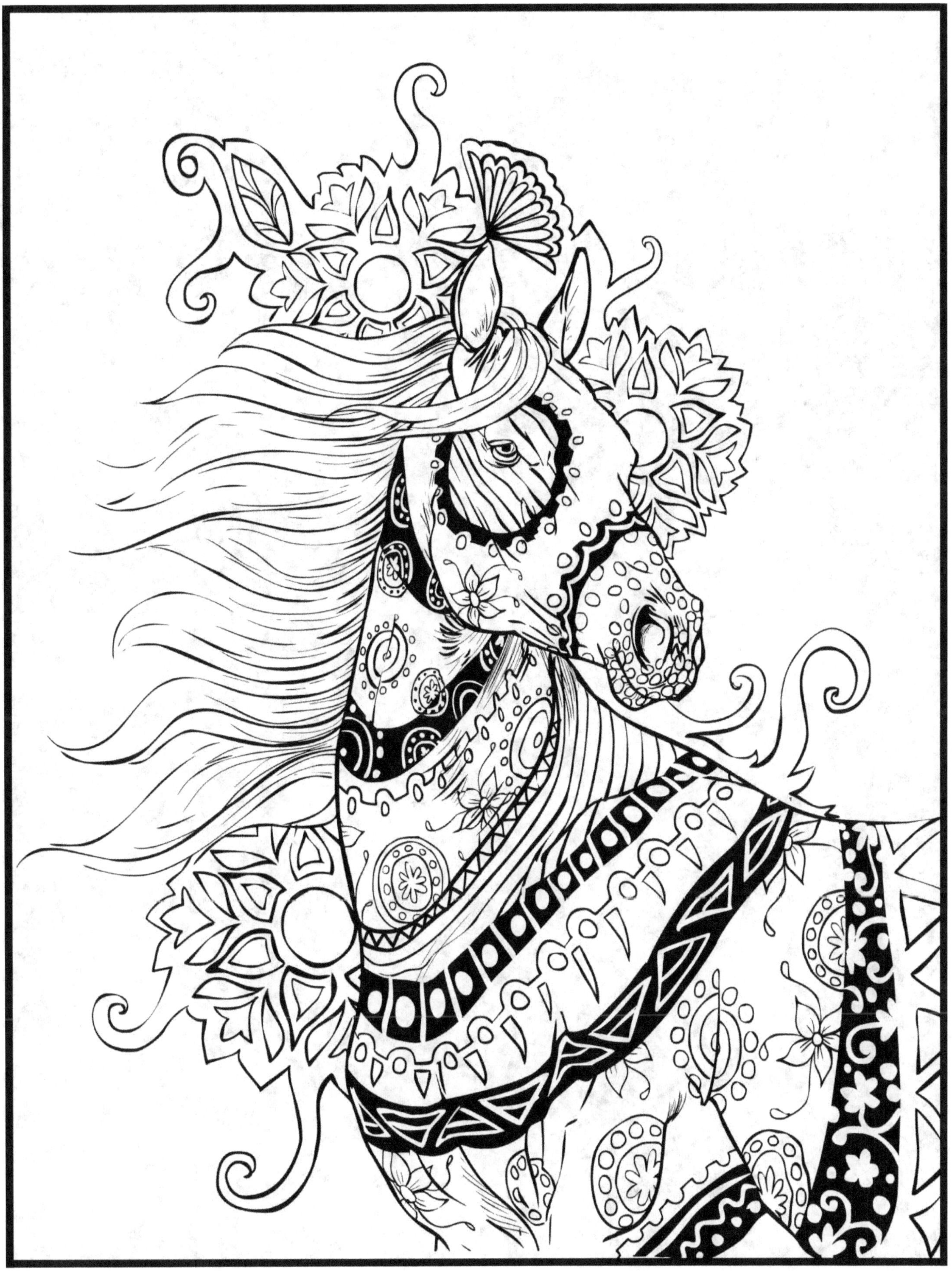

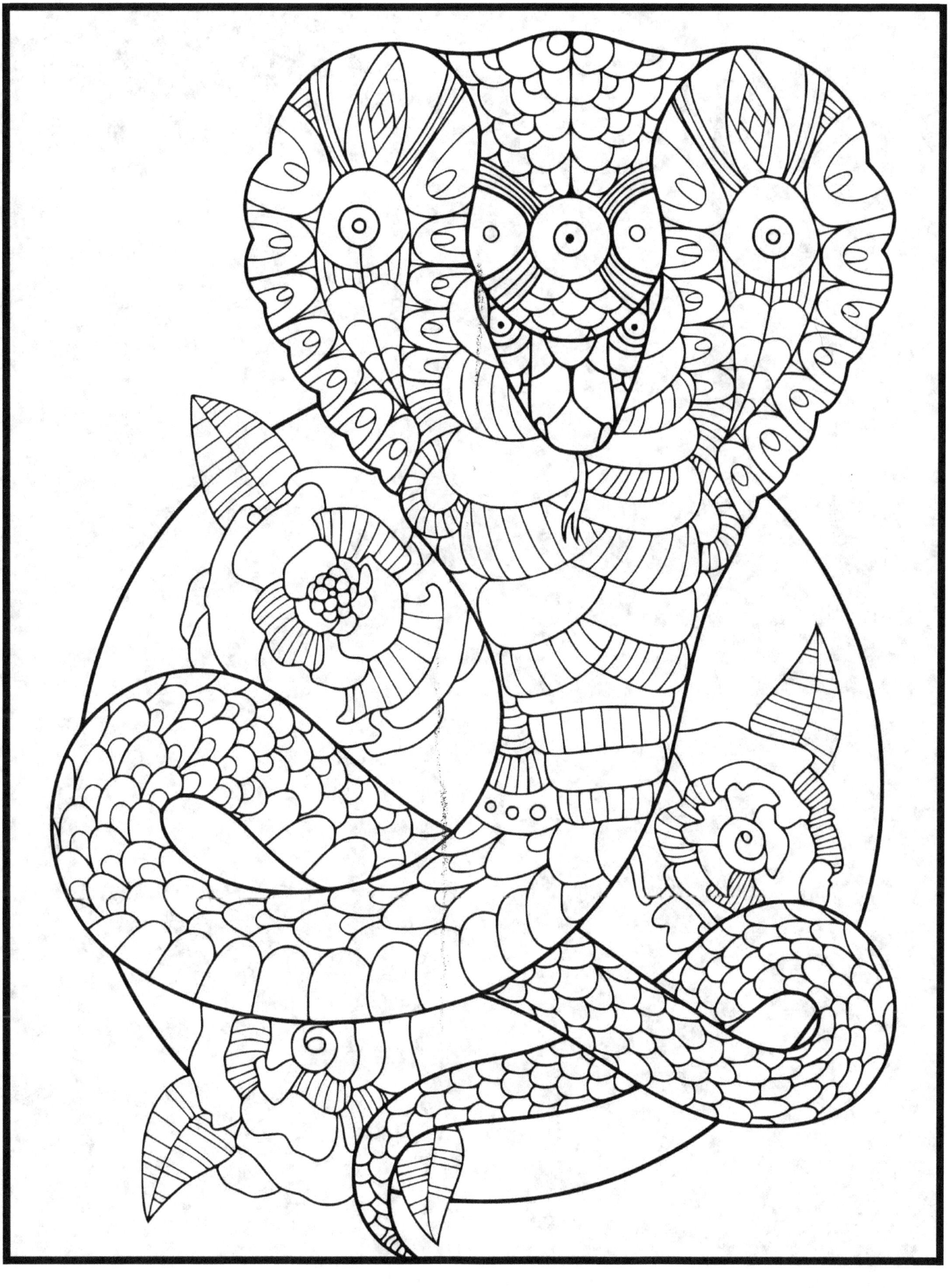

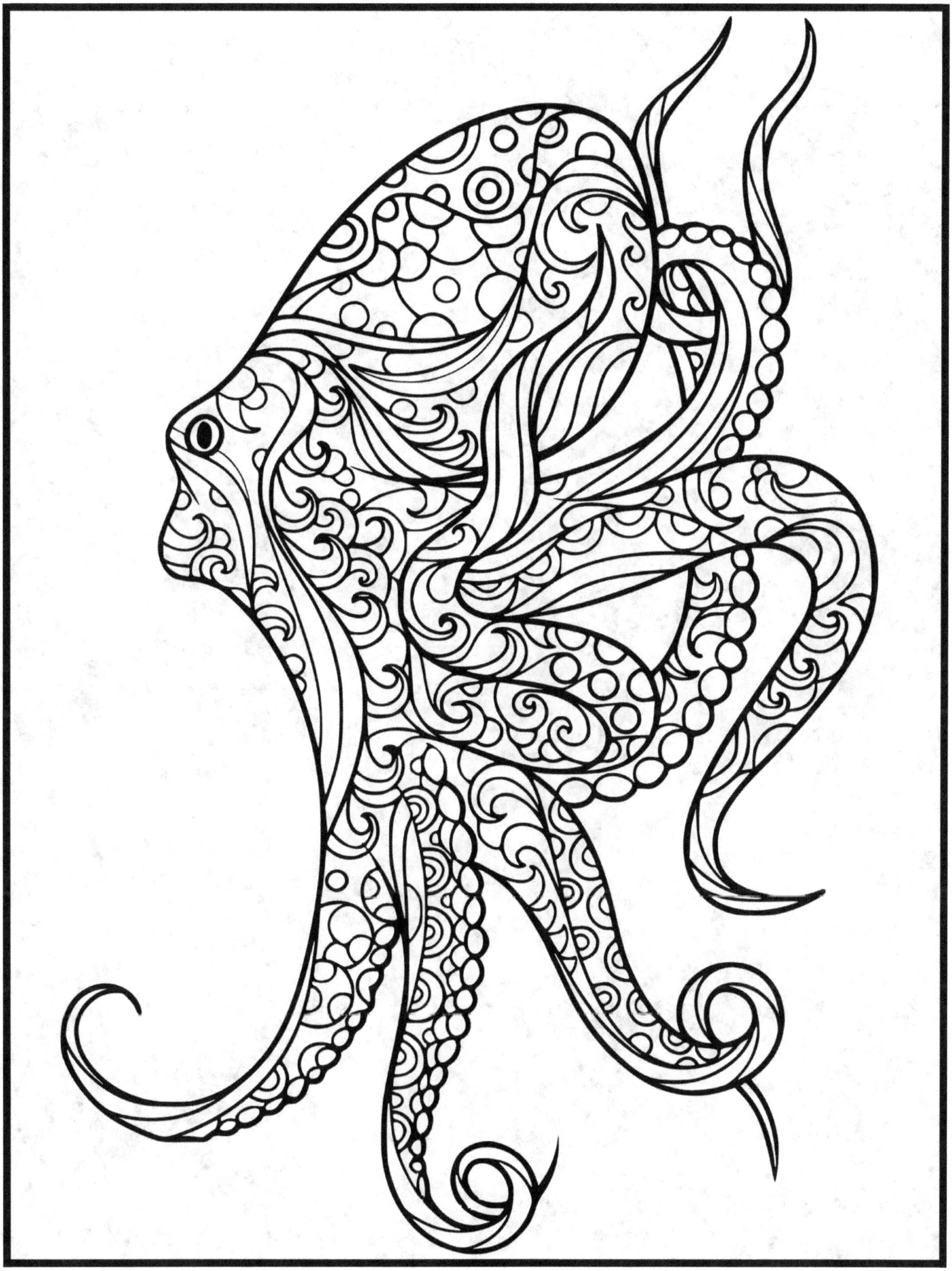

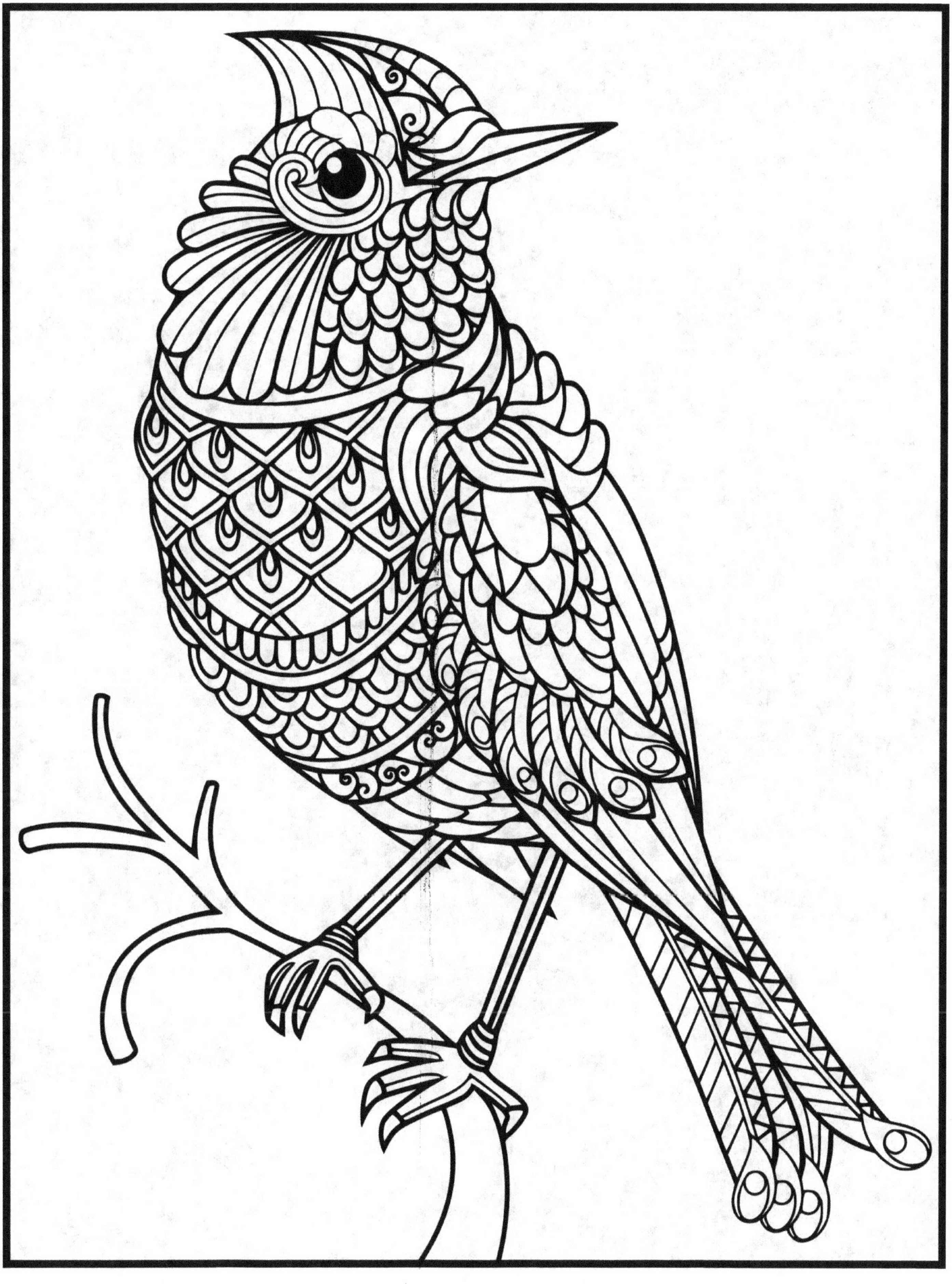

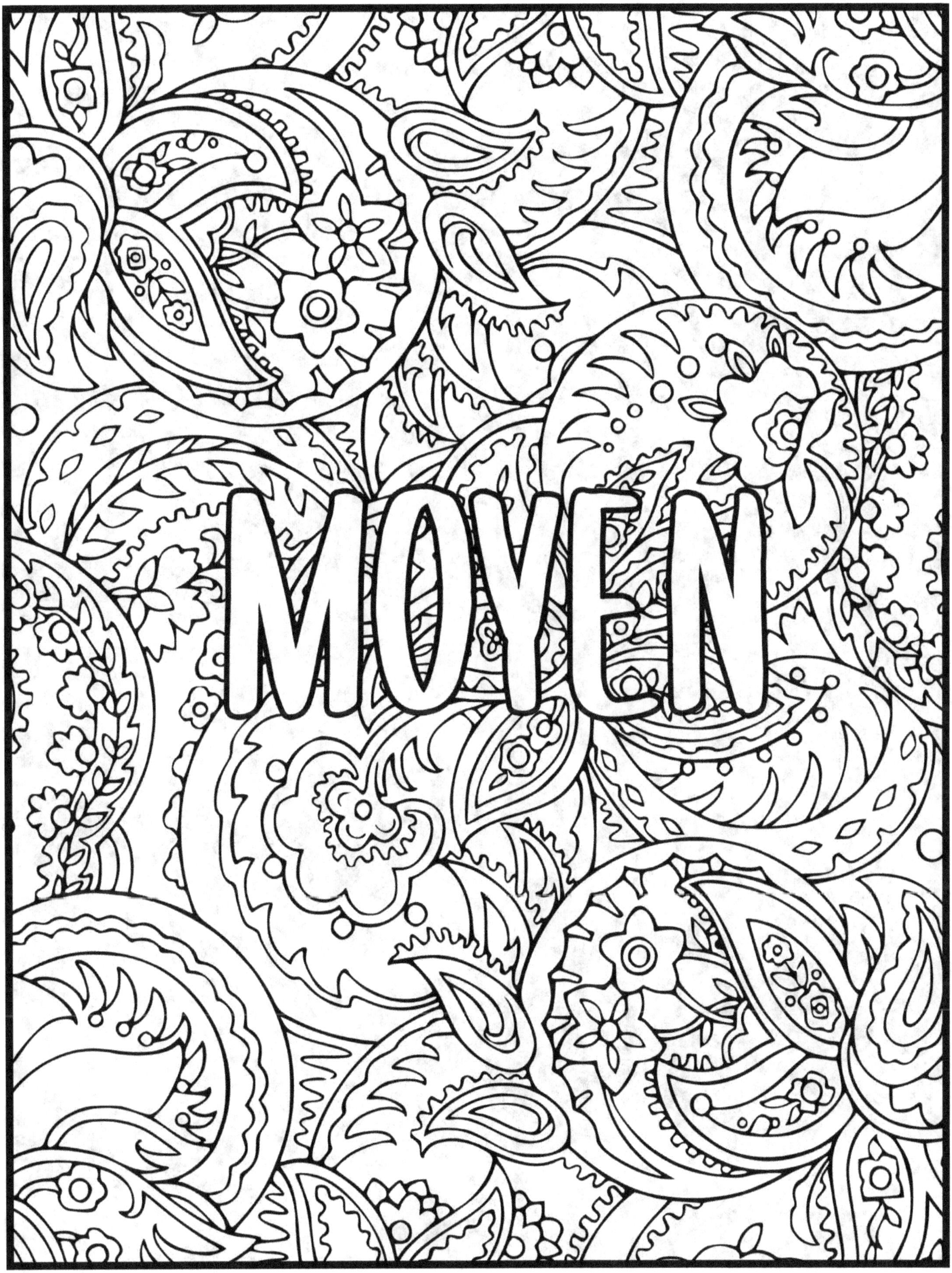
MOYEN

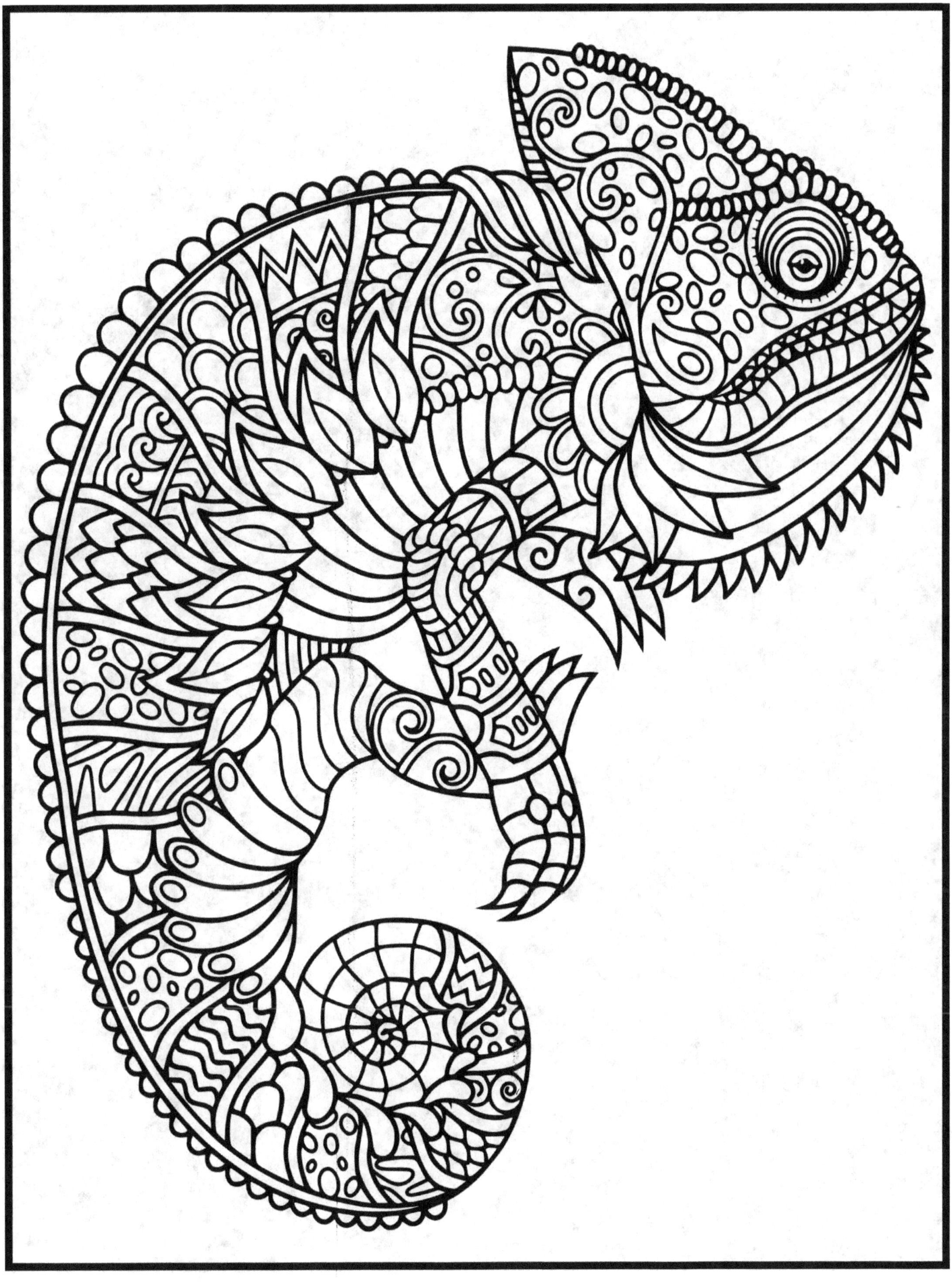

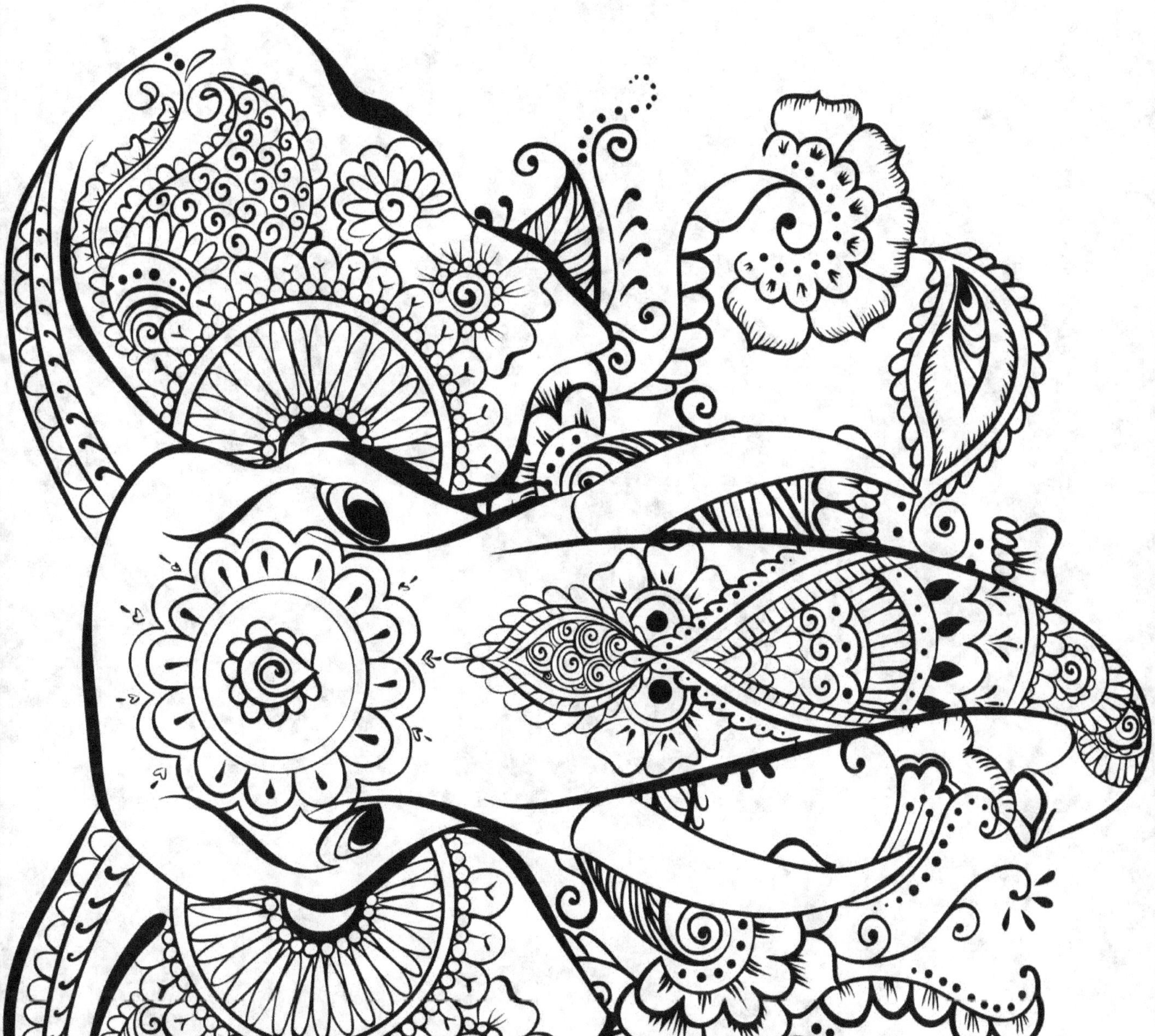

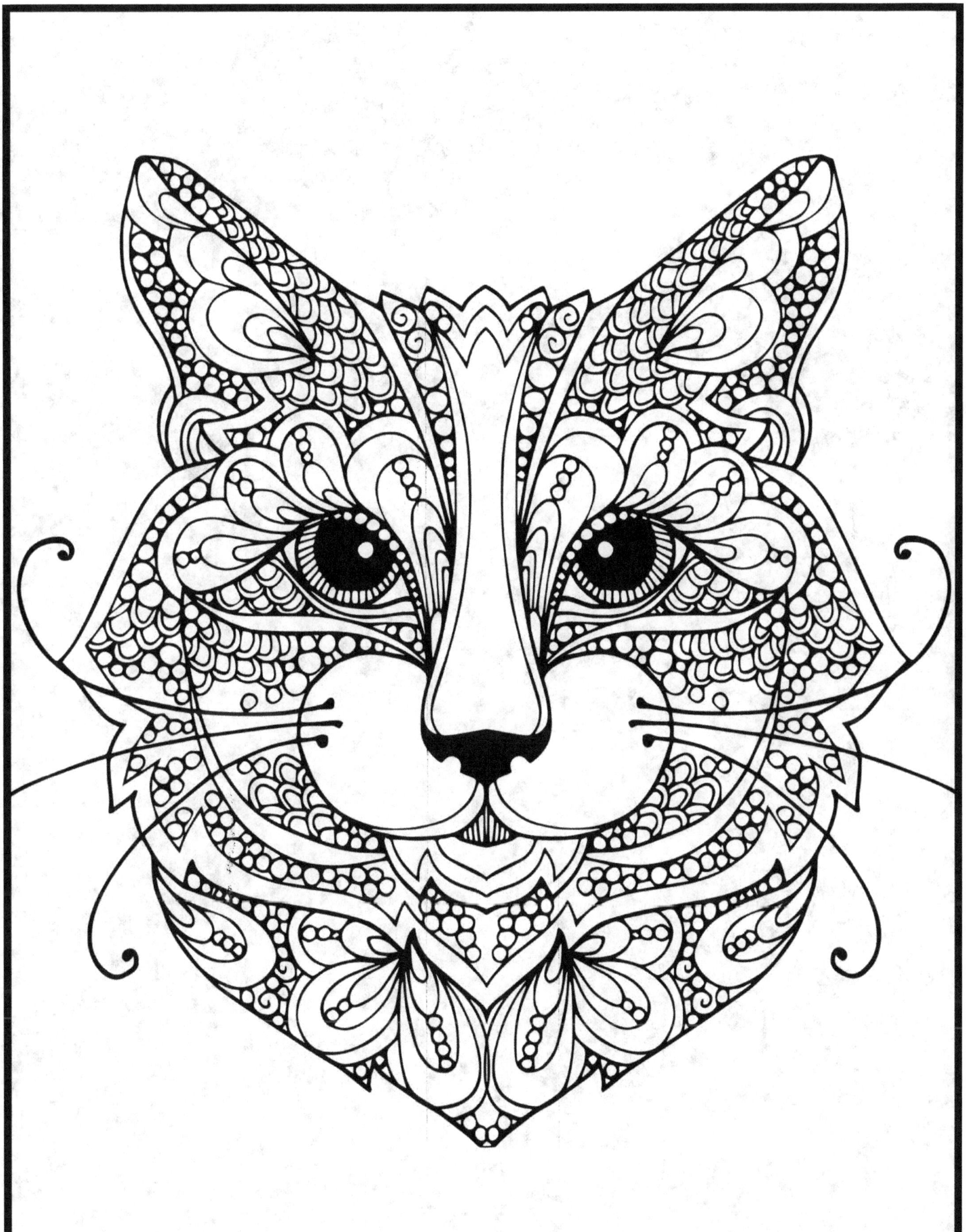

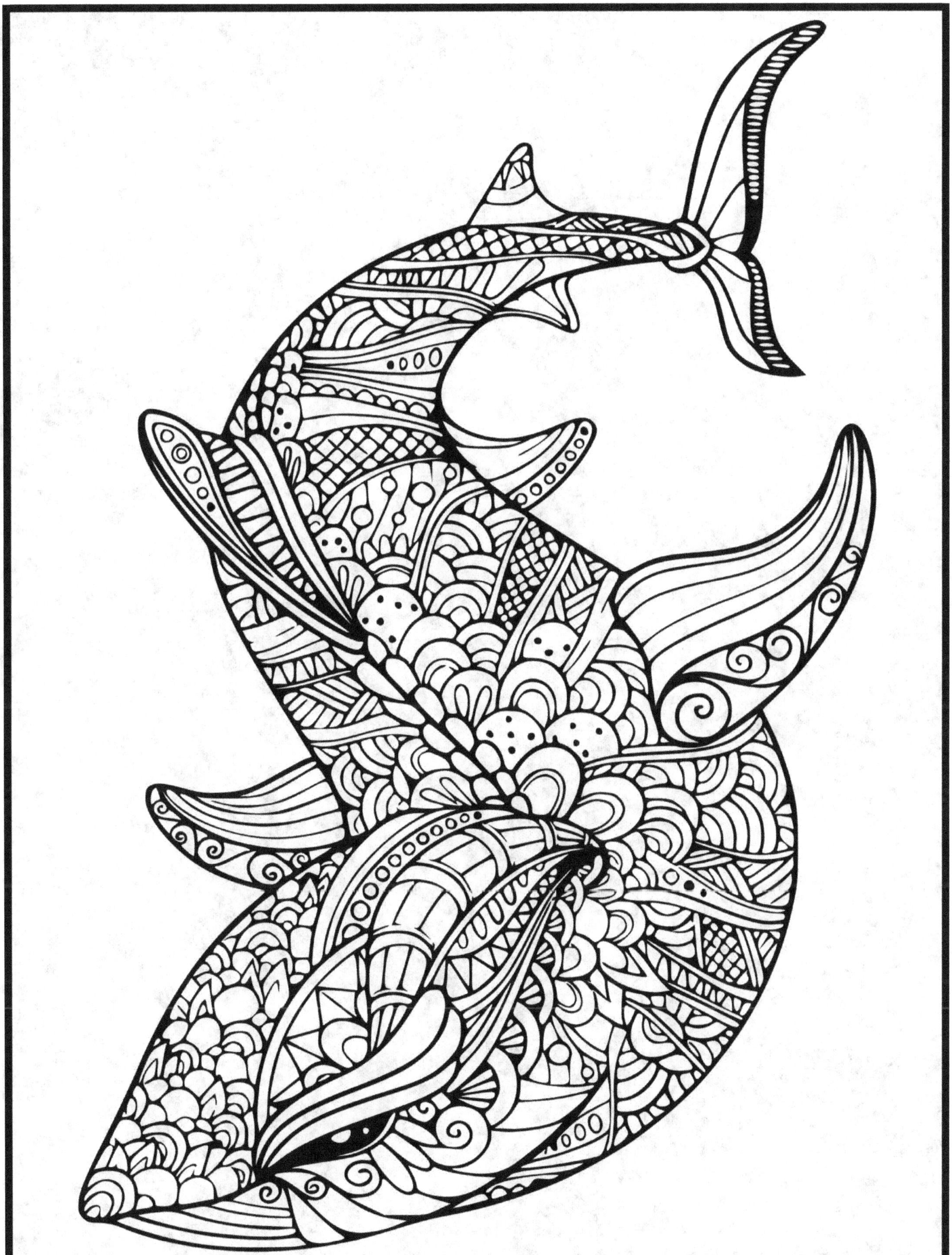

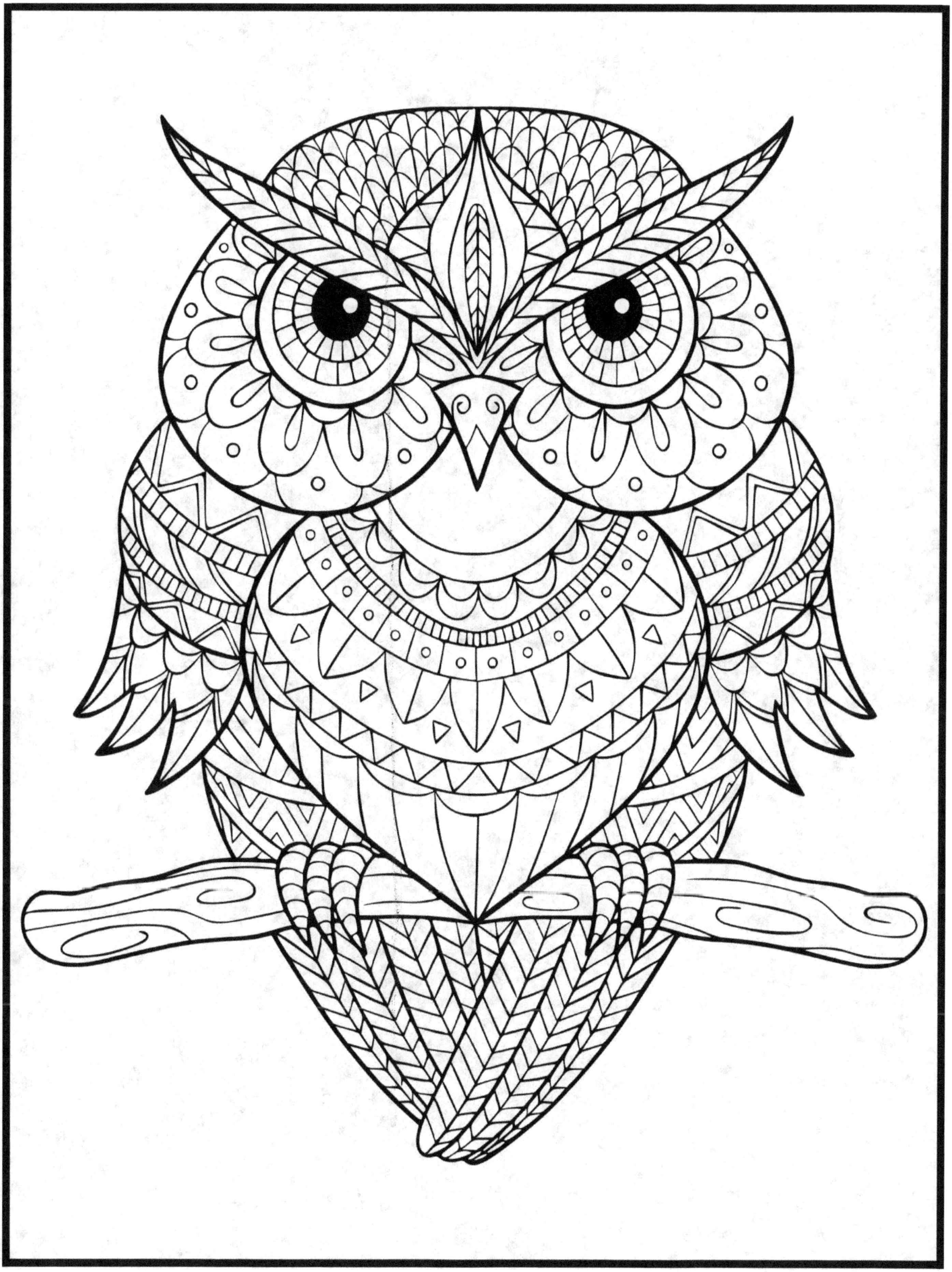

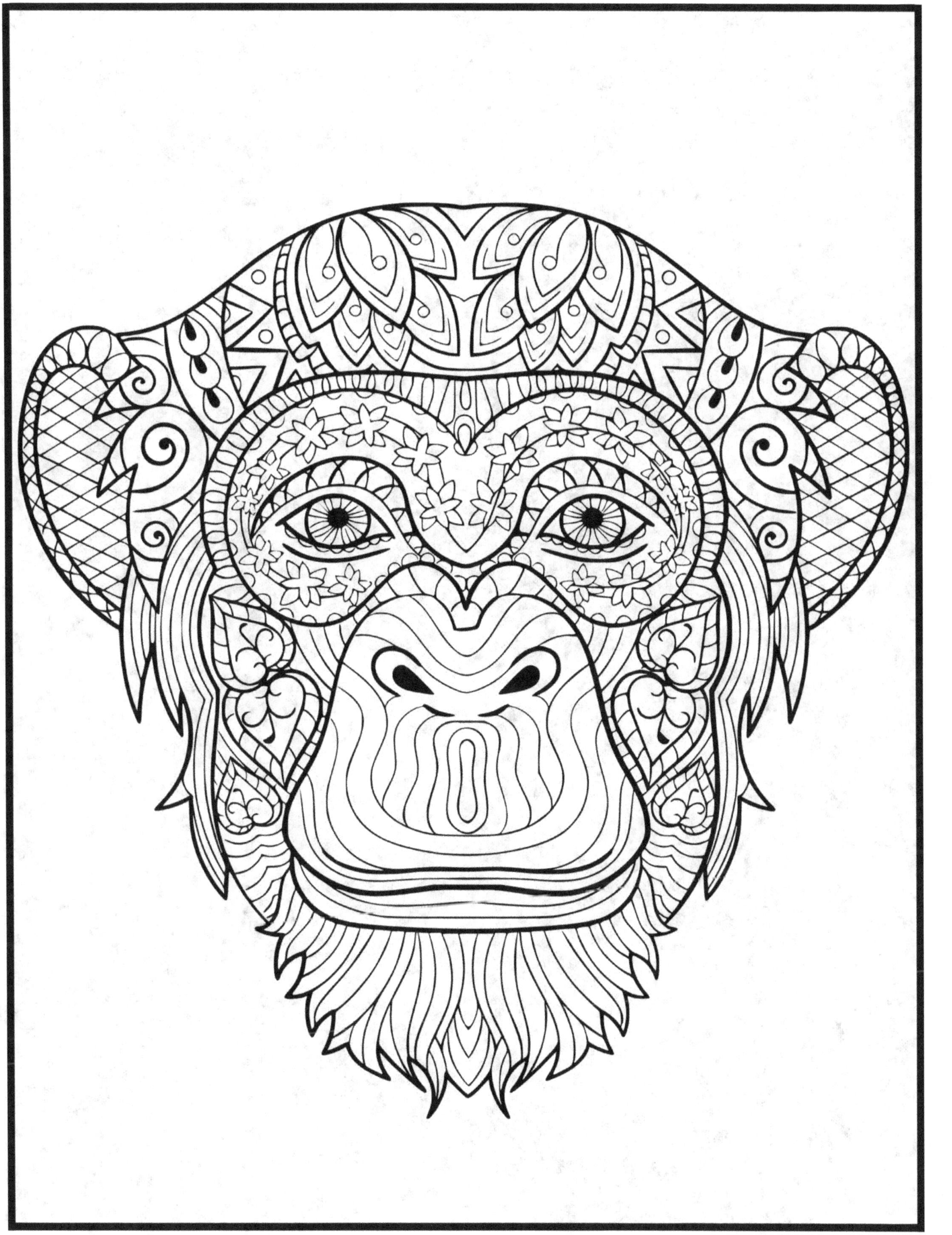

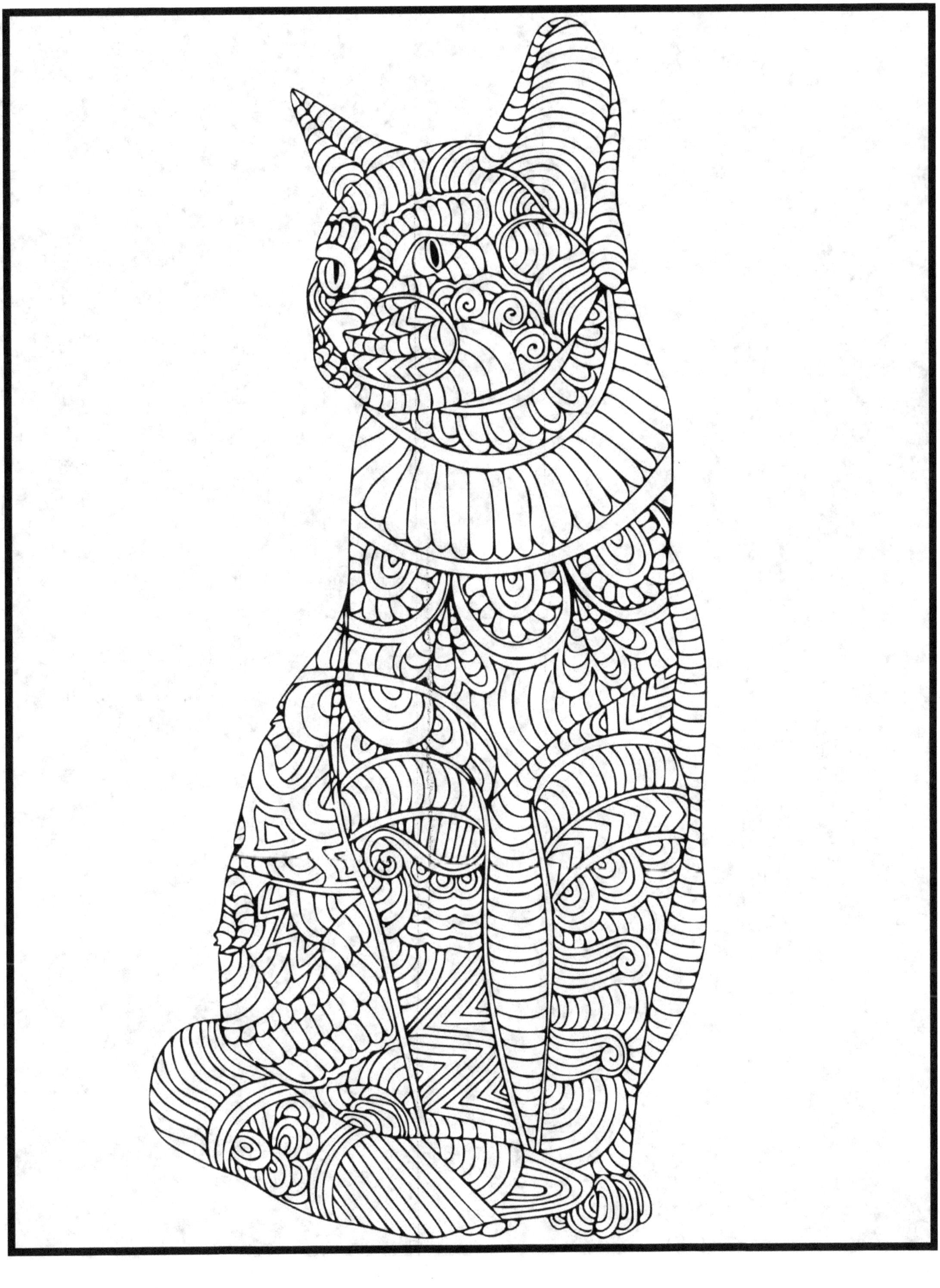

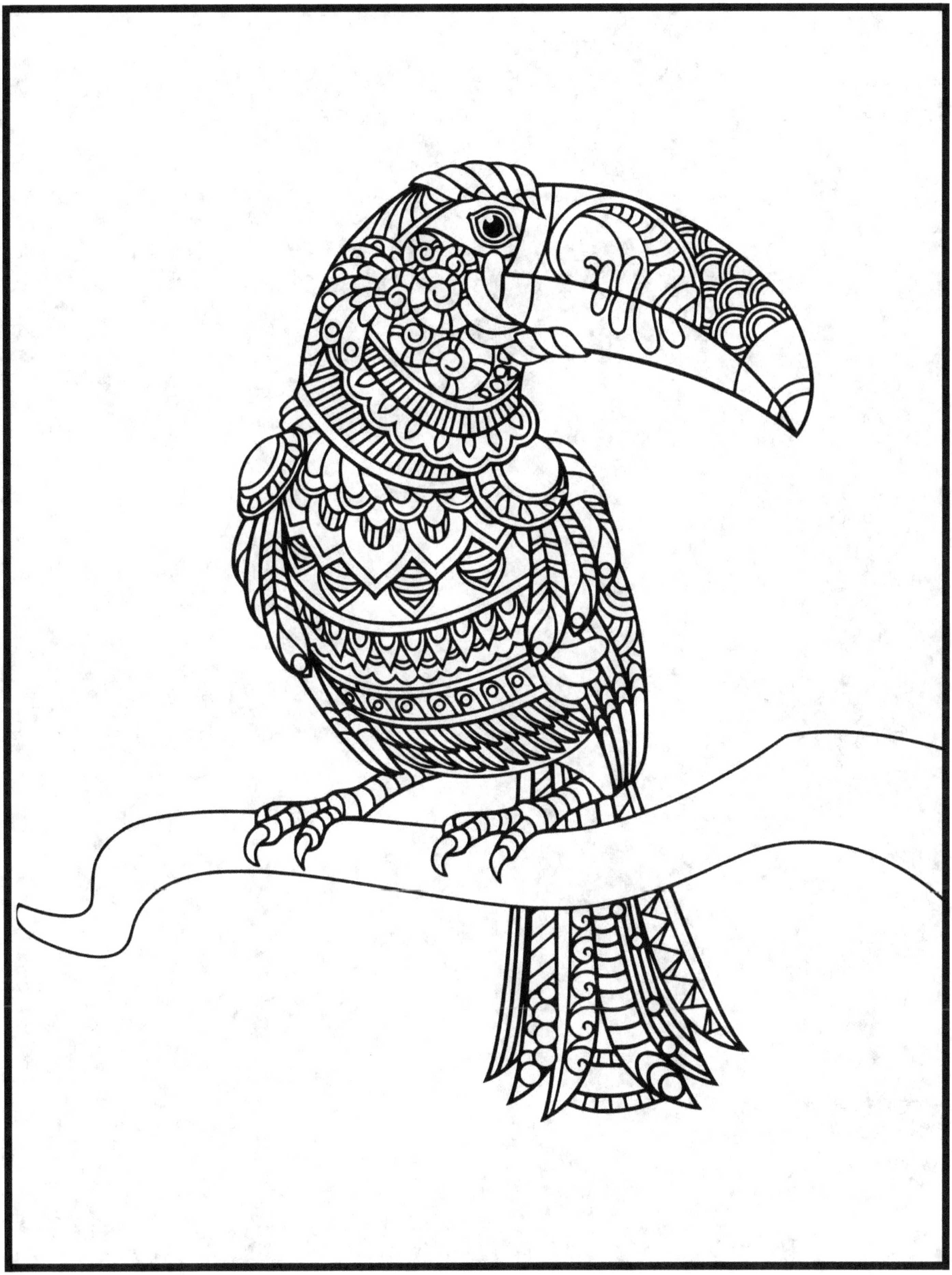

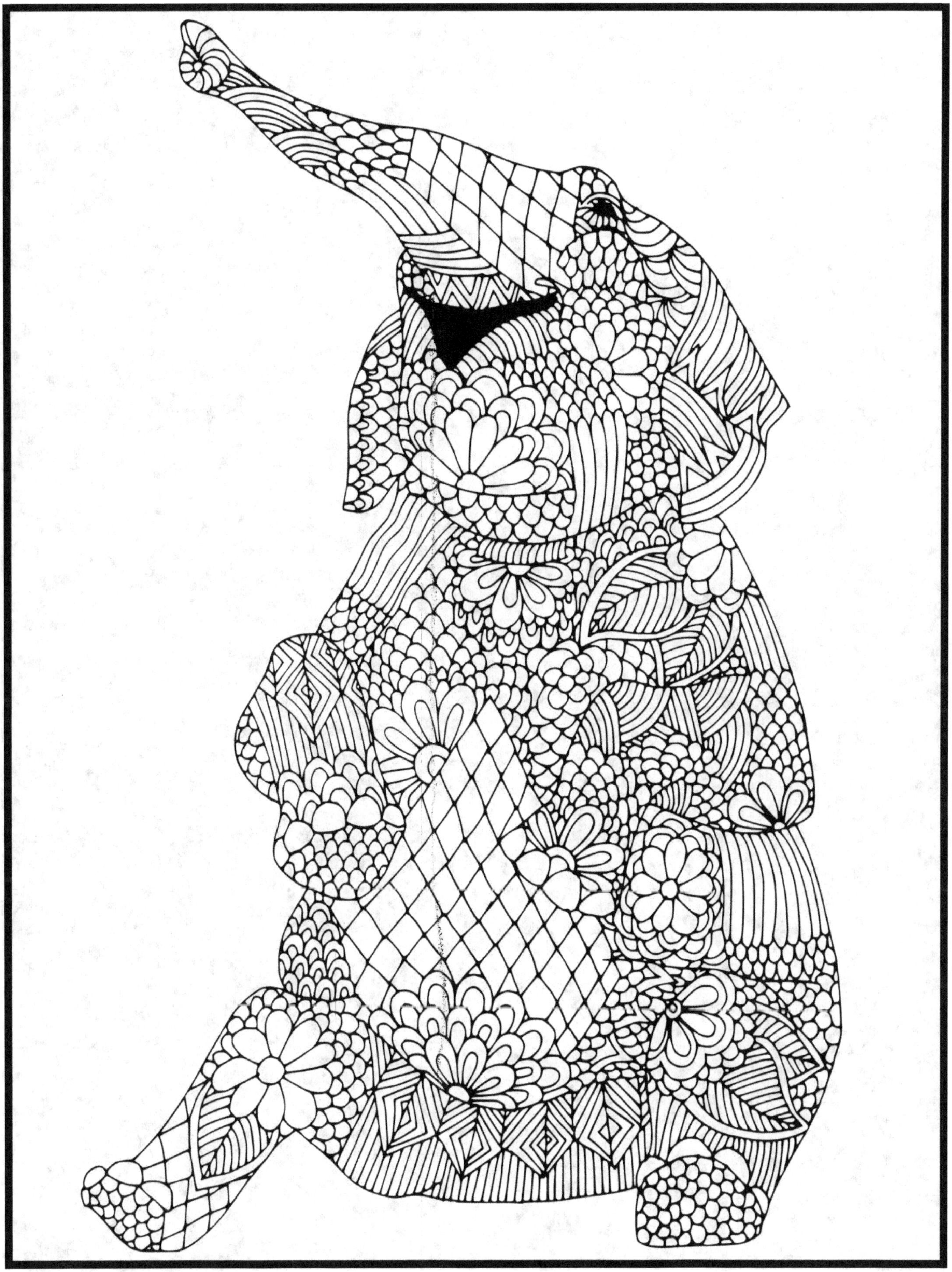

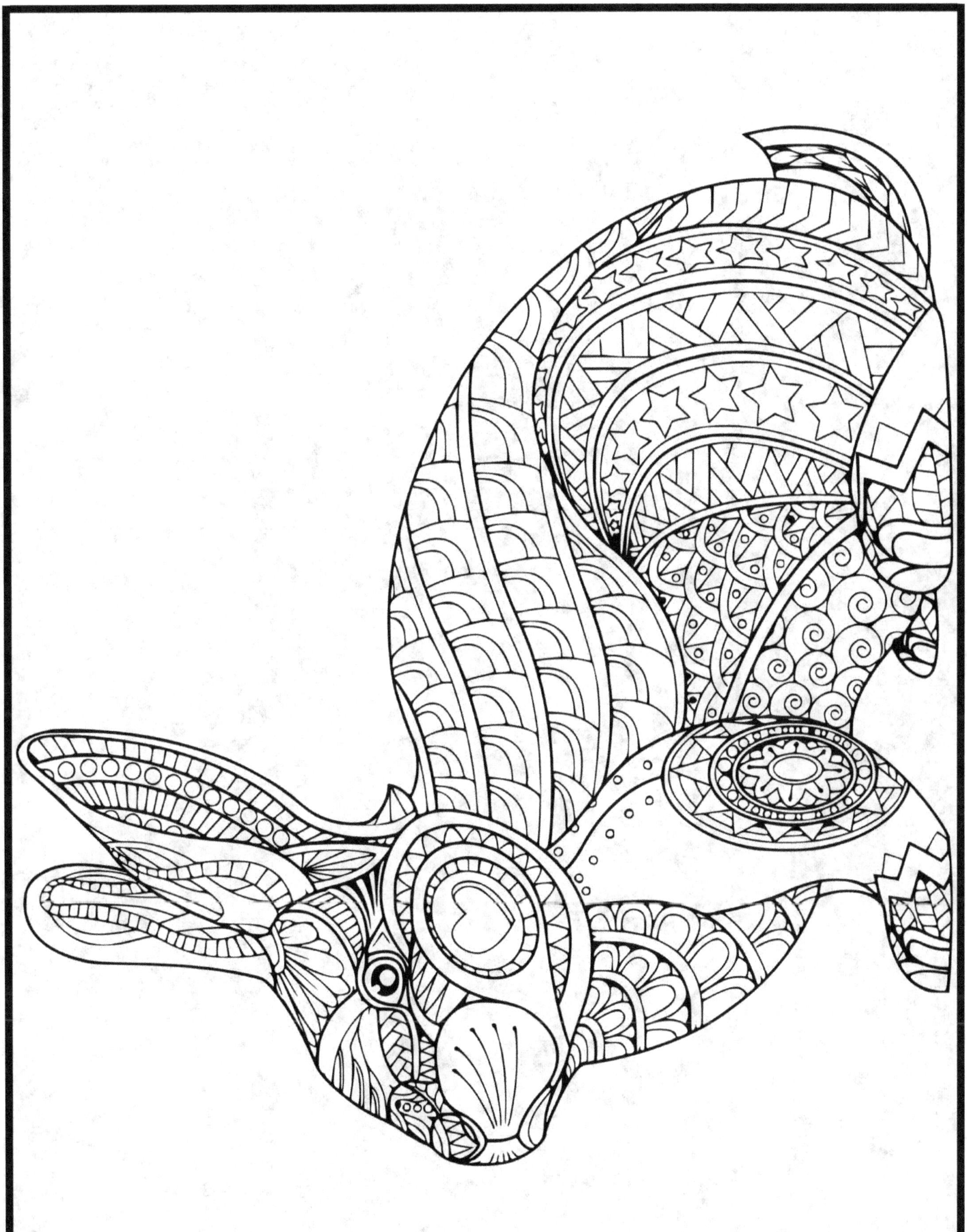

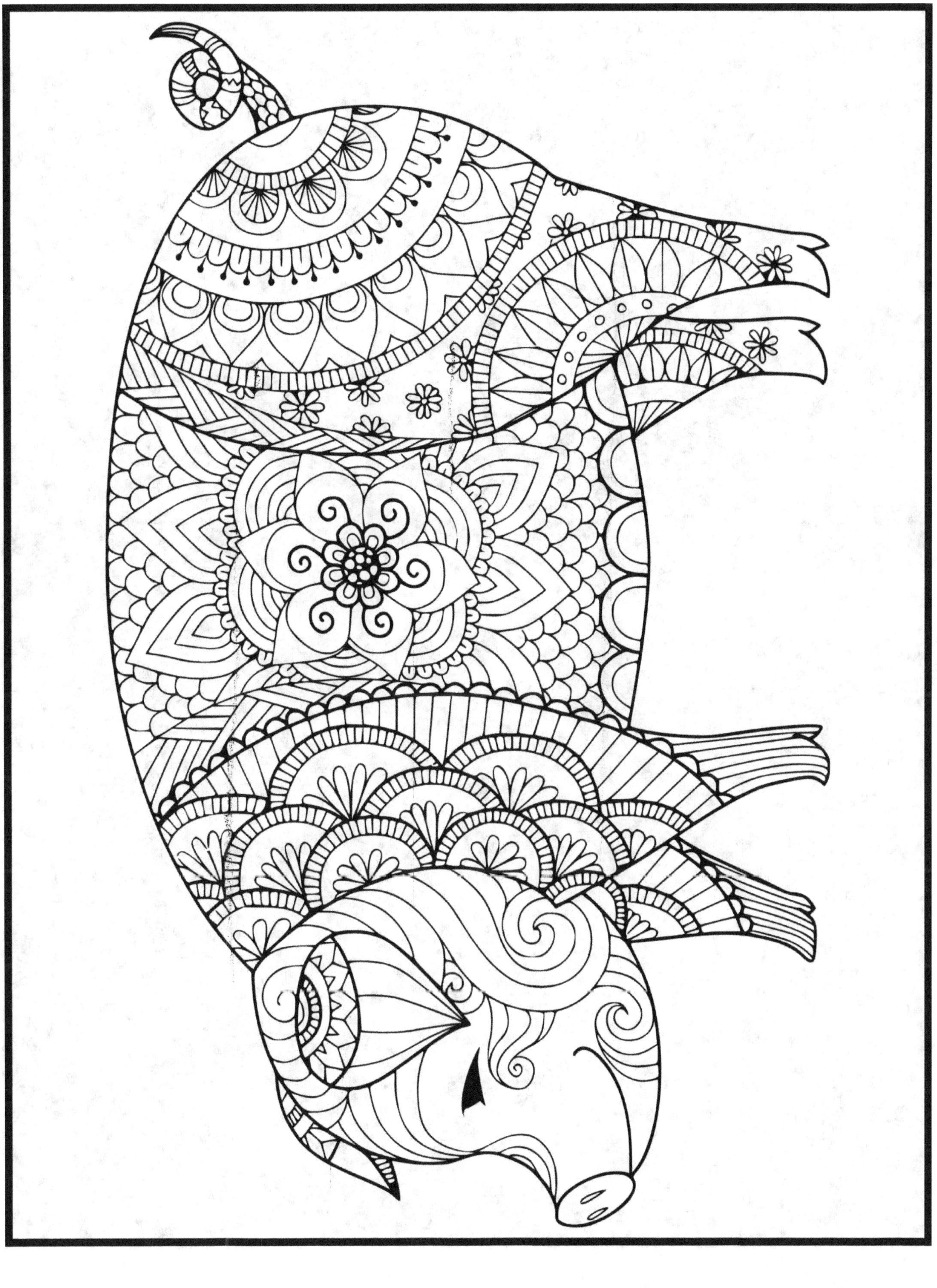

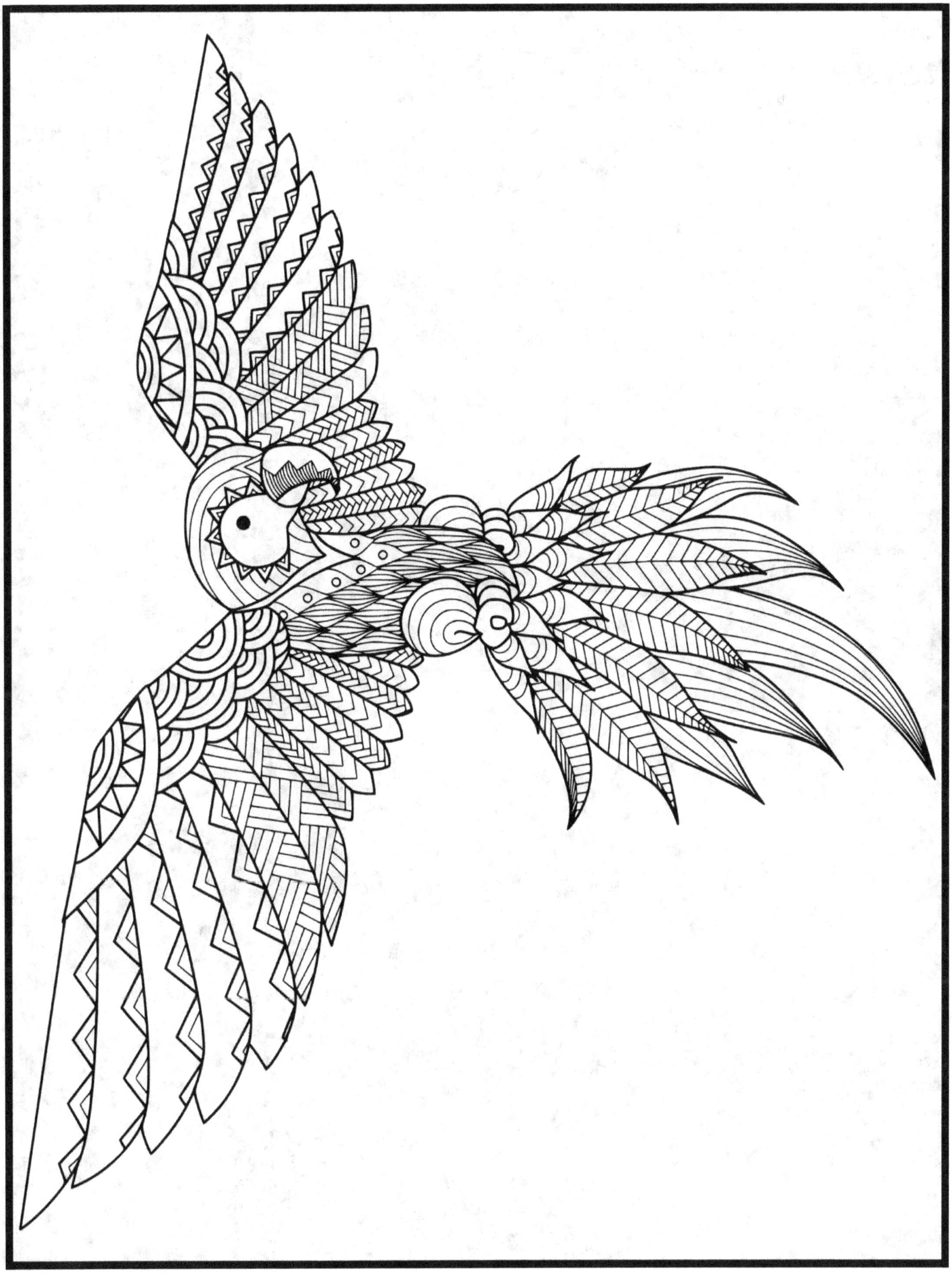

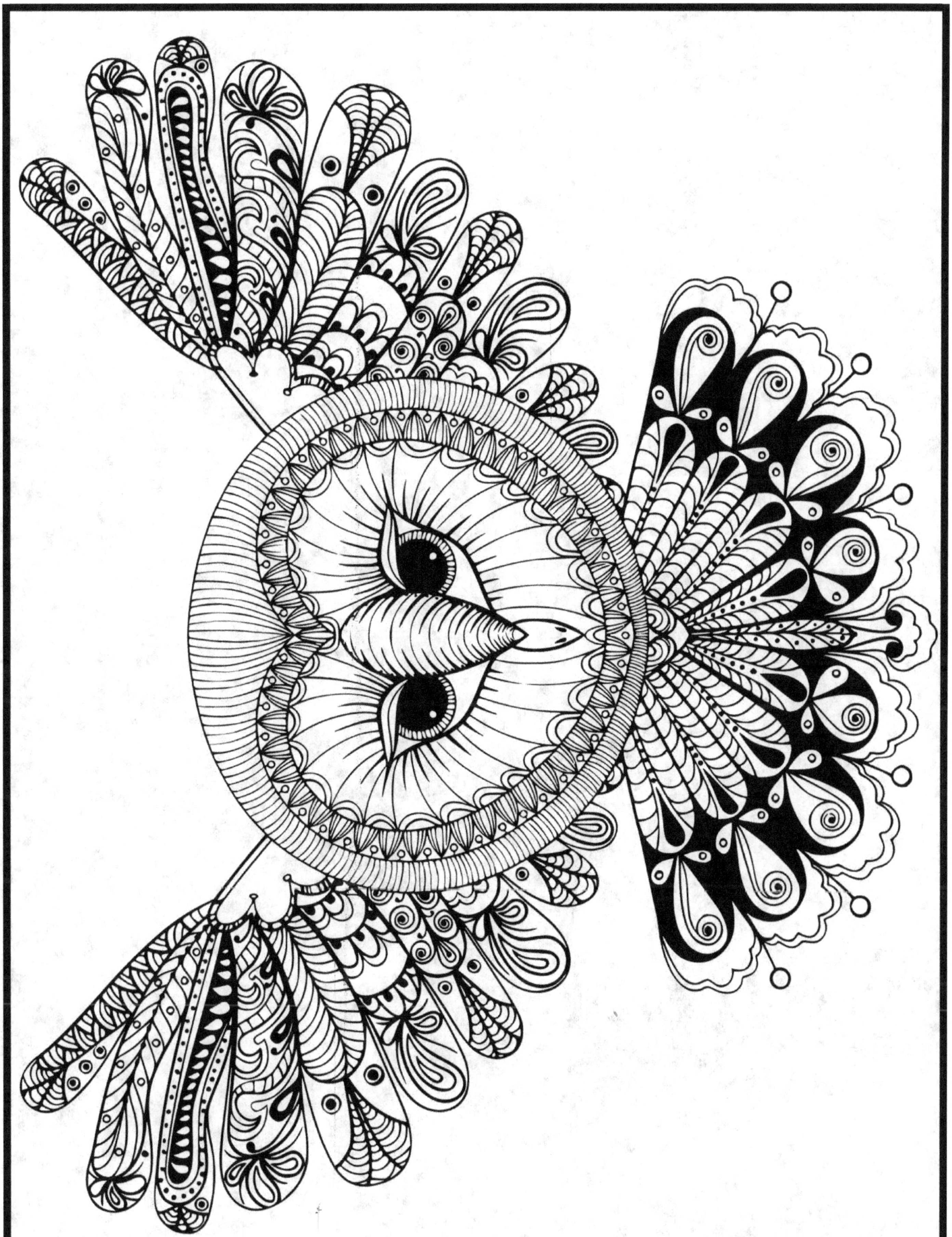

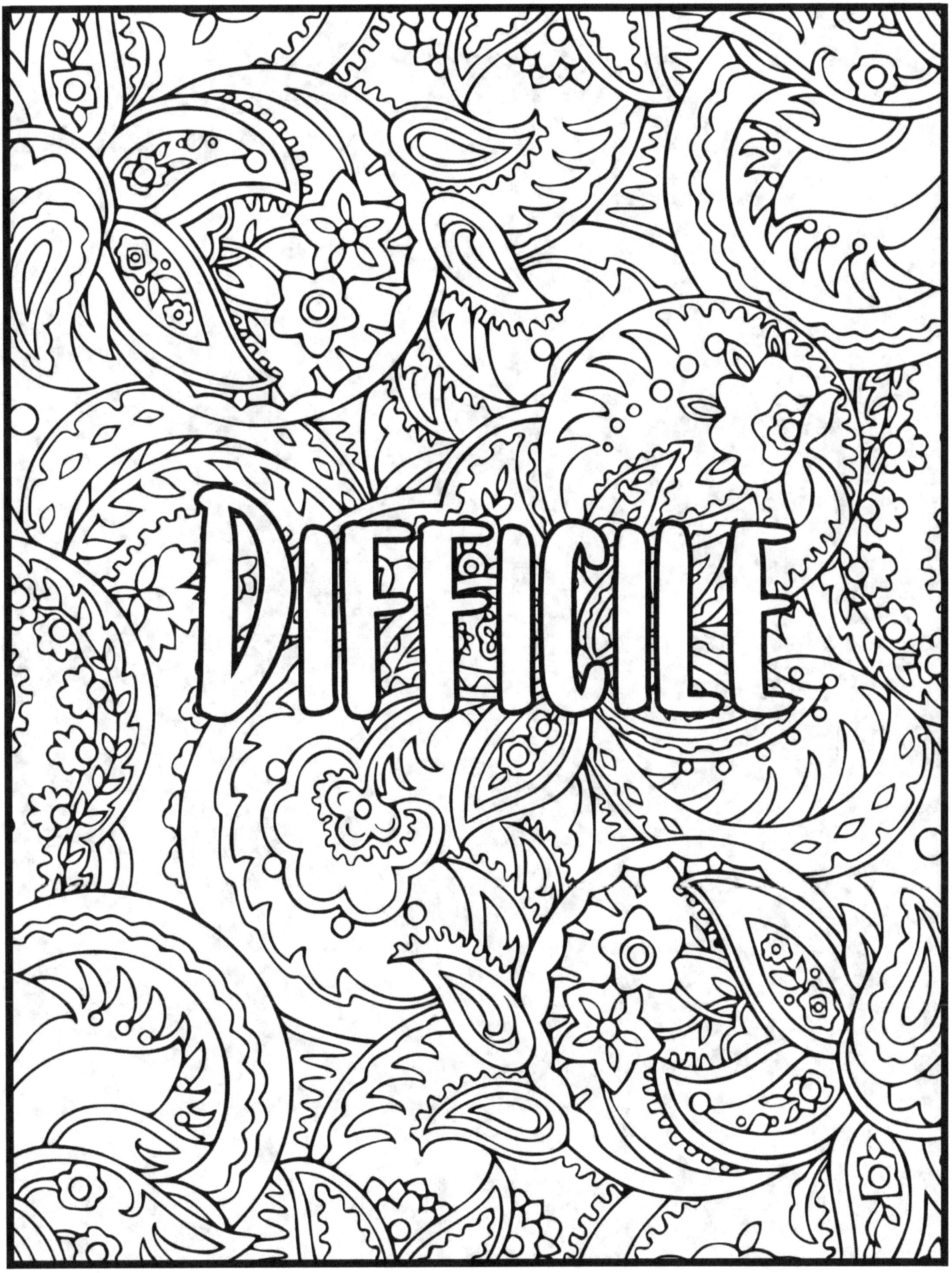
DIFFICILE

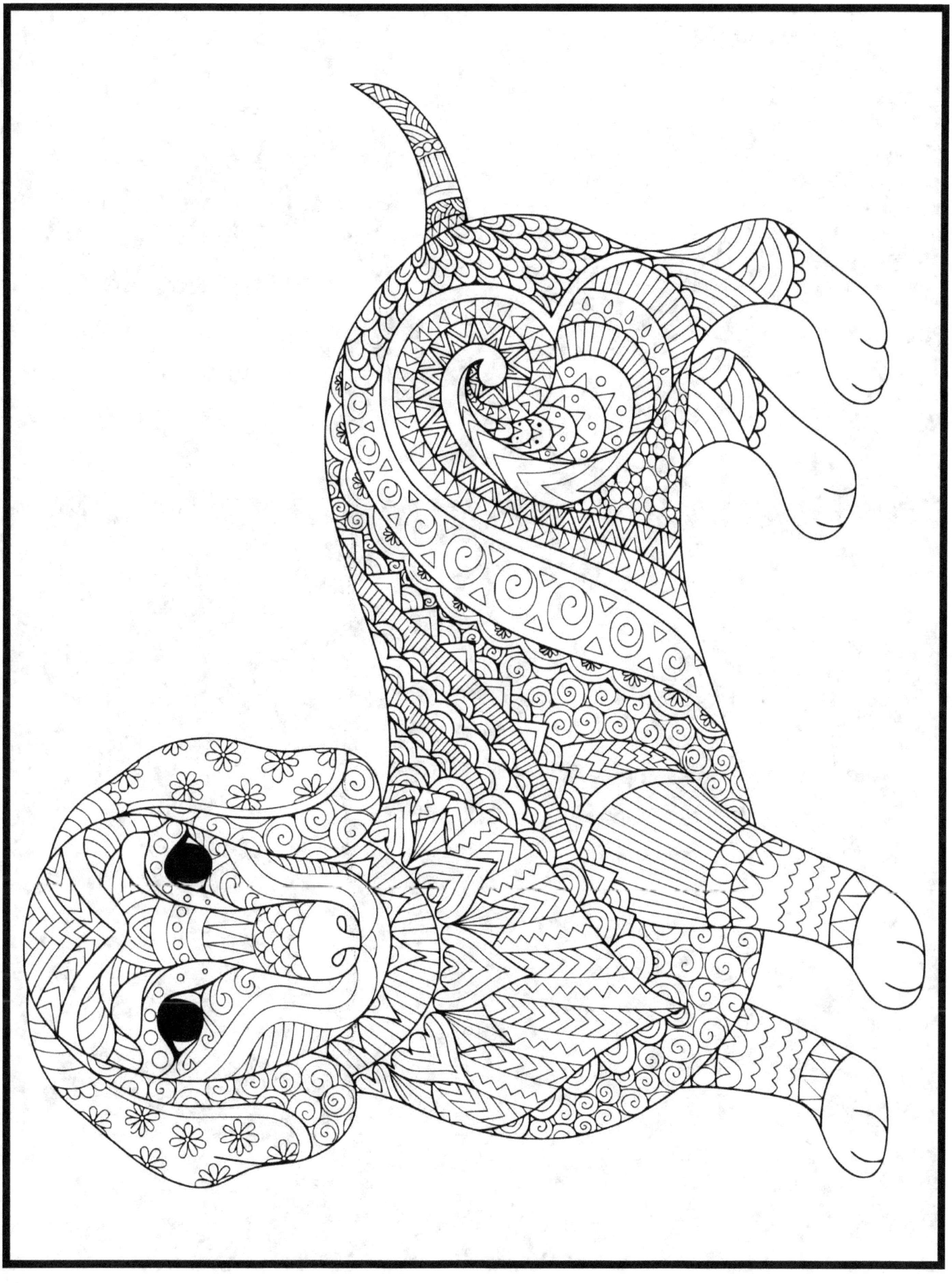

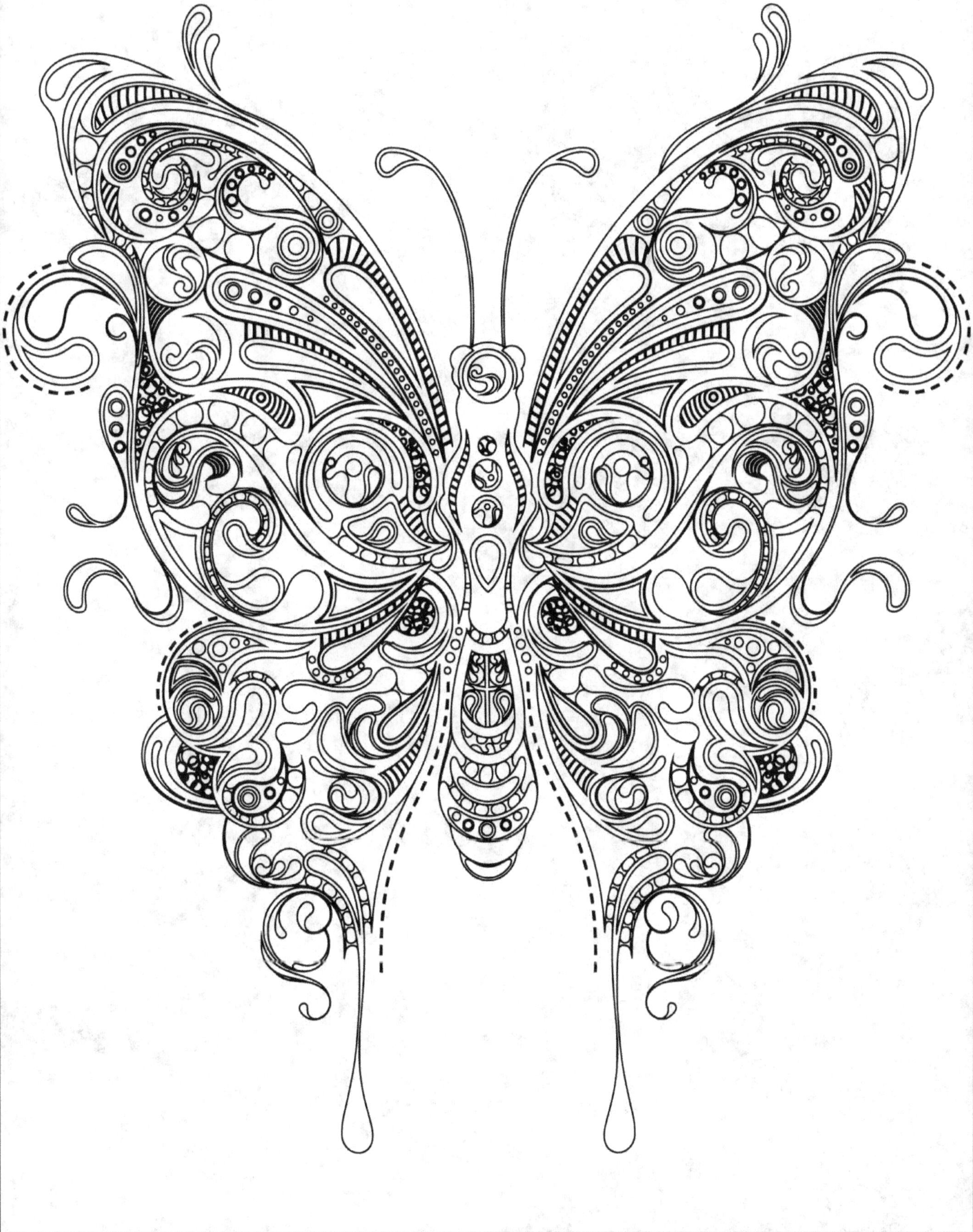

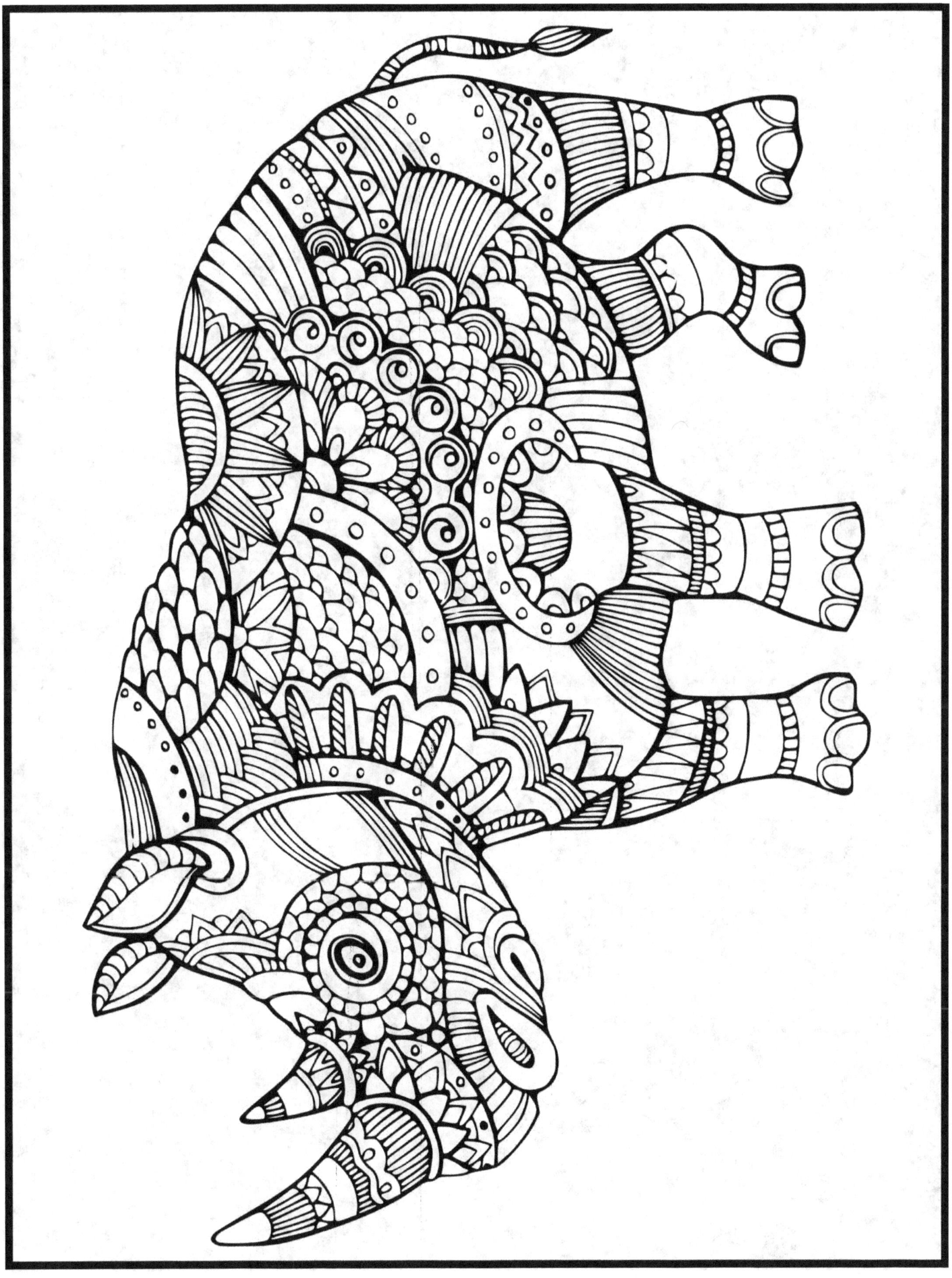

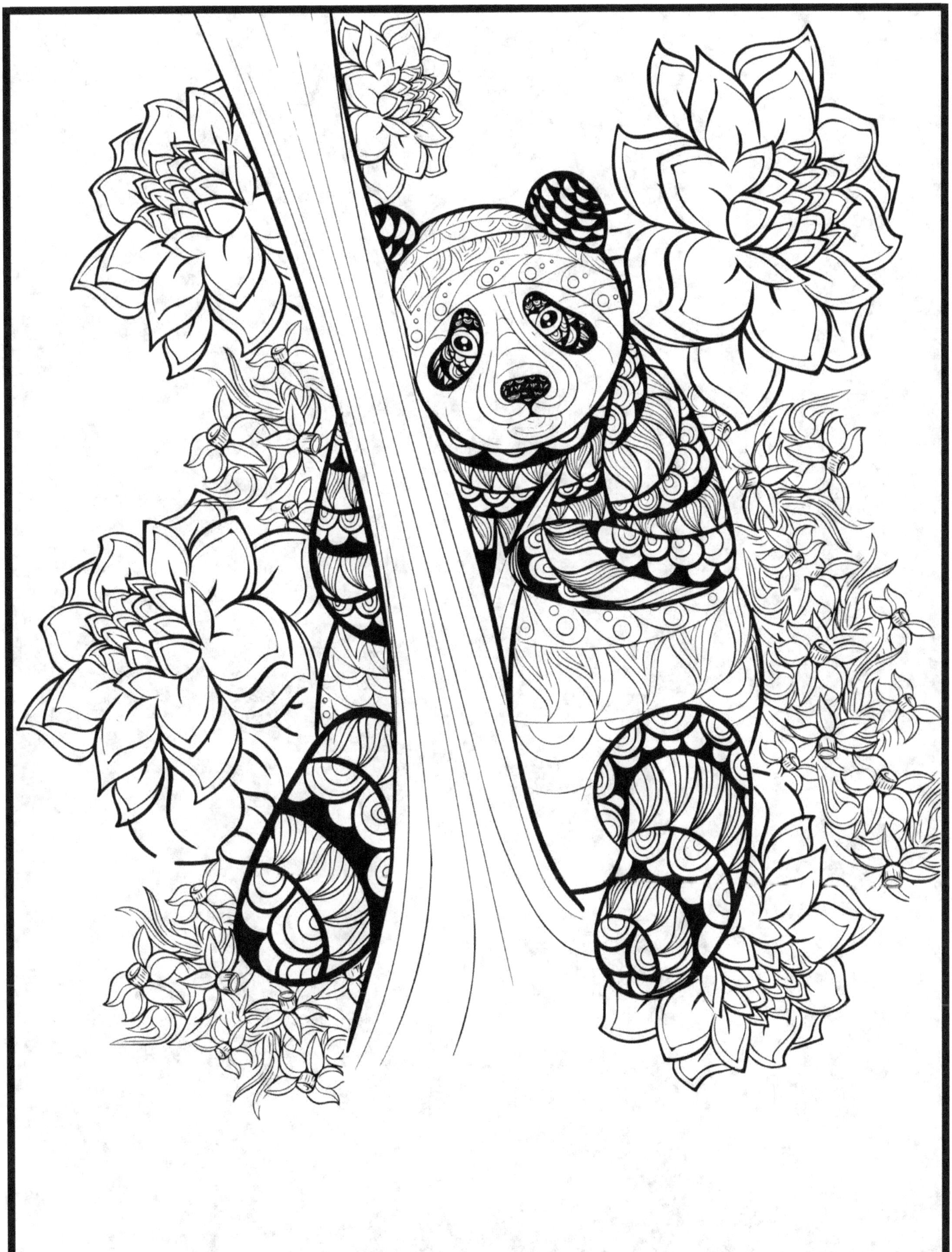

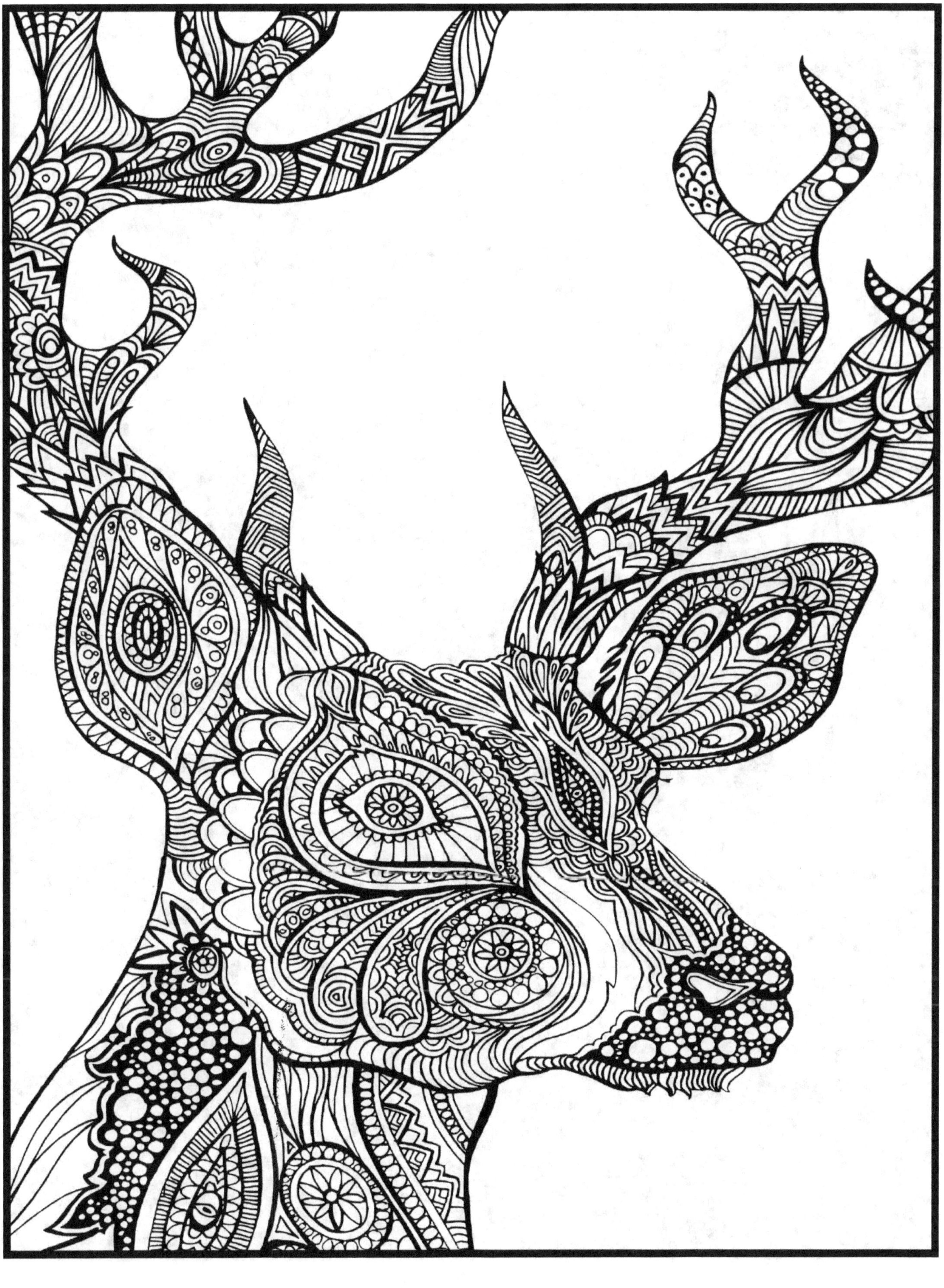

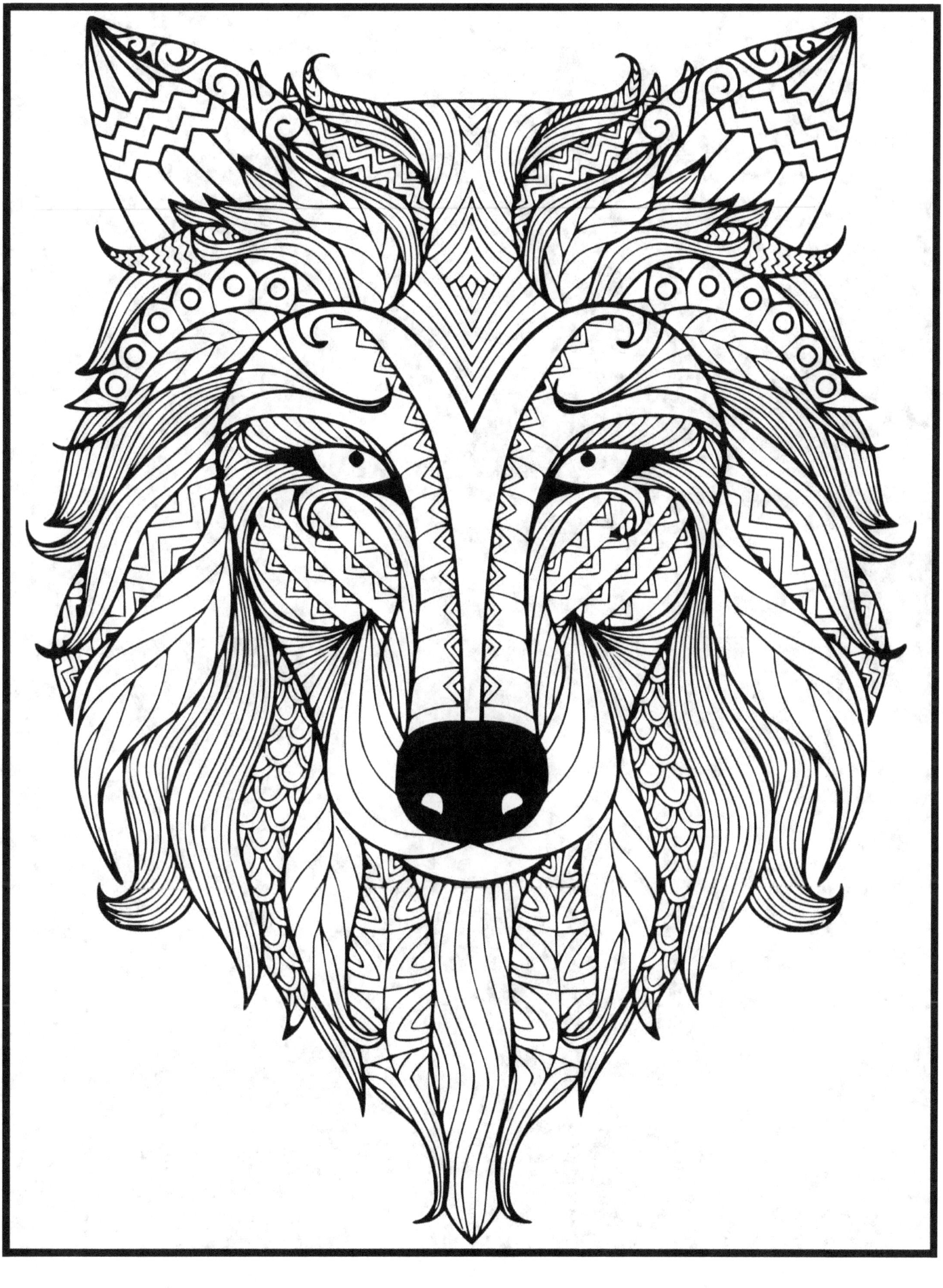

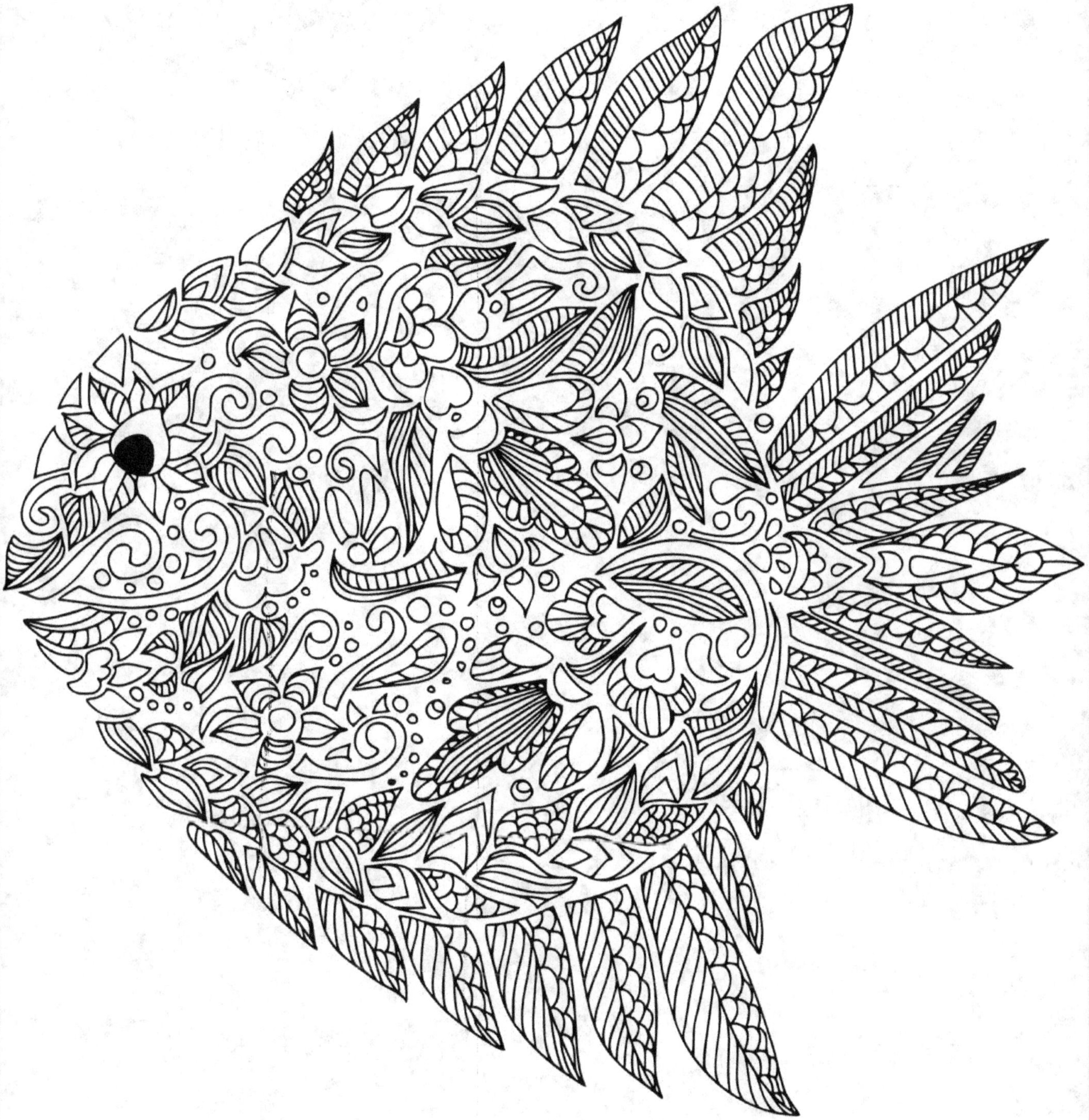

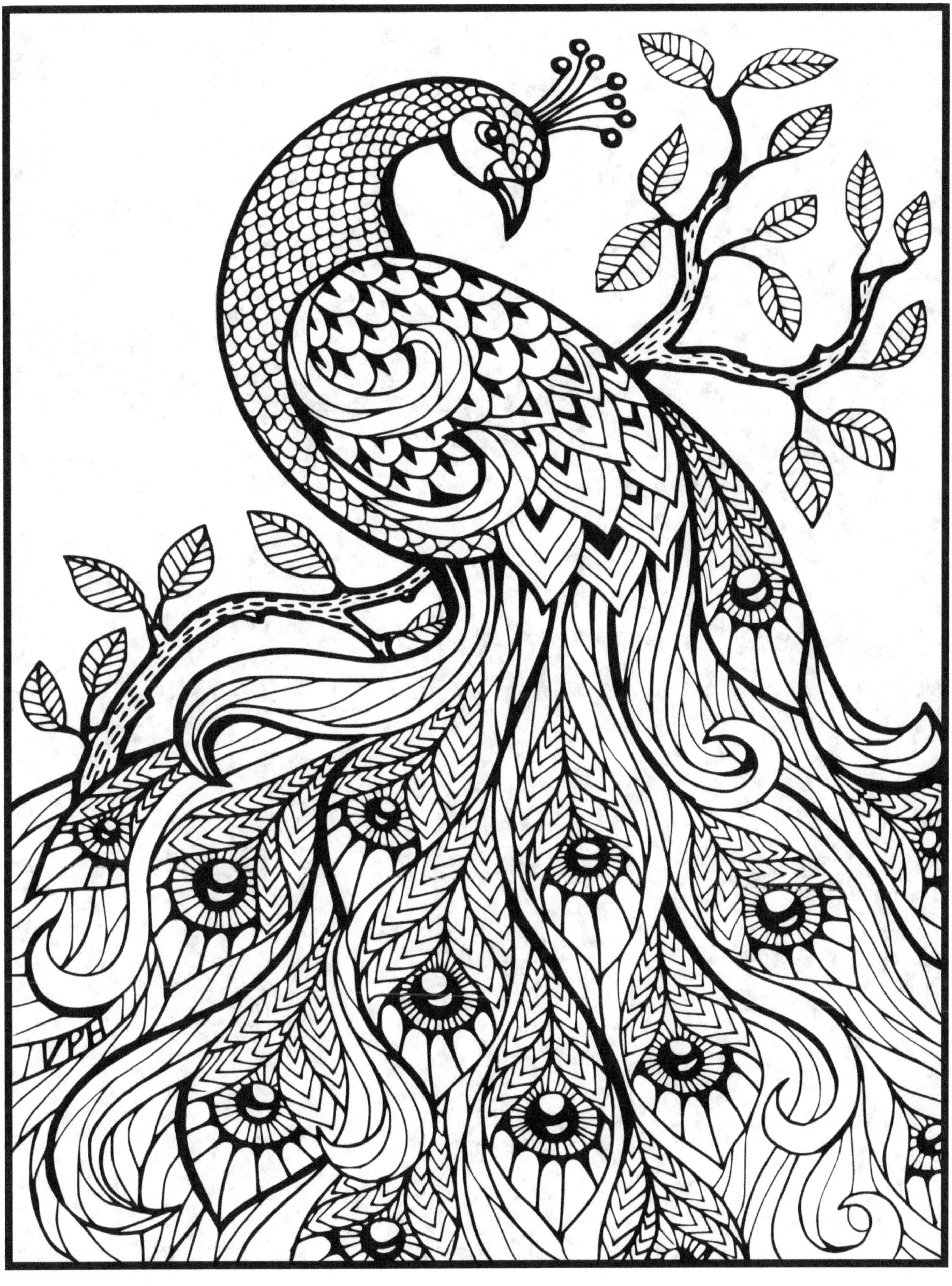
VPH

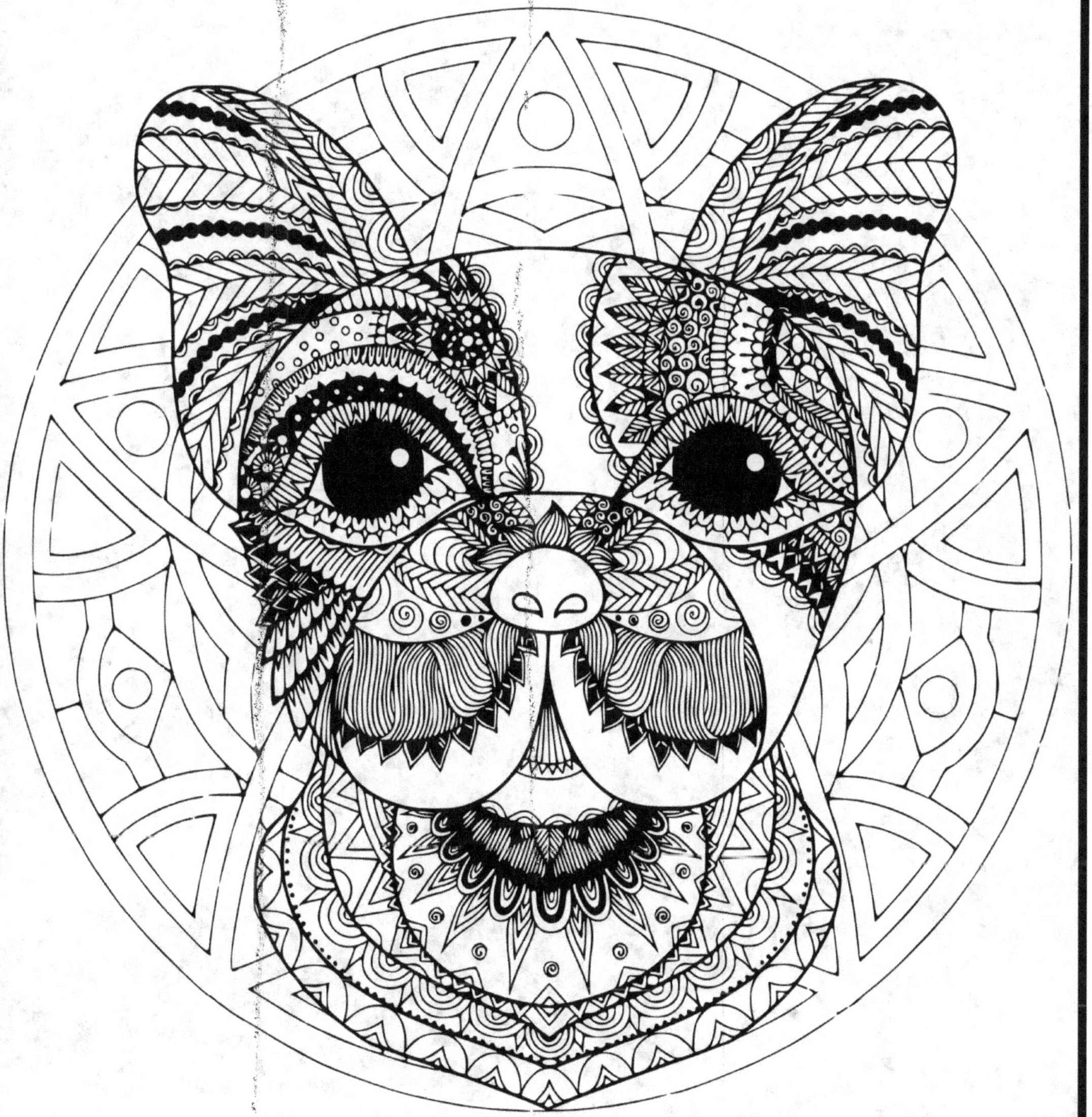

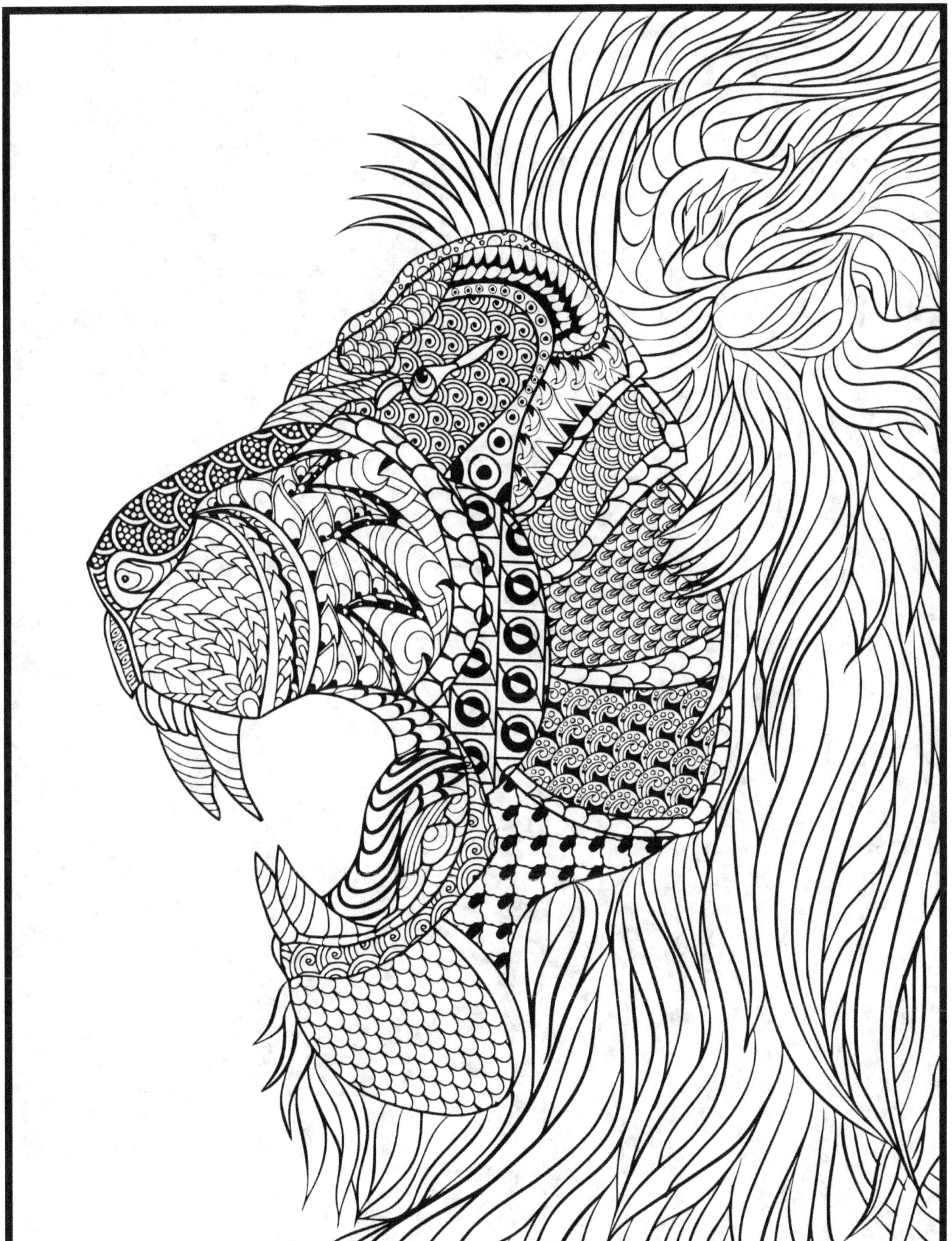

www.ingramcontent.com/pod-product-compliance
Lightning Source LLC
Chambersburg PA
CBHW081455220526
45466CB00008B/2654
* 9 7 8 1 6 9 9 6 0 5 9 0 5 *